我在避暑山庄修钟表

故宫博物院与避暑山庄博物馆
古钟表联合修复室　　　　著

人民东方出版传媒
东方出版社

图书在版编目（CIP）数据

我在避暑山庄修钟表 / 故宫博物院与避暑山庄博物馆古钟表联合修复室 著 . —北京：东方出版社，2021.9

ISBN 978-7-5207-2261-2

Ⅰ.①我… Ⅱ.①故… Ⅲ.①钟表—研究—世界—近代 Ⅳ.① K865.24

中国版本图书馆 CIP 数据核字（2021）第 118185 号

我在避暑山庄修钟表

〔WO ZAI BISHUSHANZHUANG XIU ZHONGBIAO〕

作　　者：故宫博物院与避暑山庄博物馆古钟表联合修复室

责任编辑：袁　园

出　　版：东方出版社

发　　行：人民东方出版传媒有限公司

地　　址：北京市西城区北三环中路 6 号

邮　　编：100120

印　　刷：天津图文方嘉印刷有限公司

版　　次：2021 年 9 月第 1 版

印　　次：2021 年 9 月第 1 次印刷

开　　本：787 毫米 × 1092 毫米　1/16

印　　张：15

字　　数：169 千字

书　　号：ISBN 978-7-5207-2261-2

定　　价：98.00 元

发行电话：（010）85924663　85924644　85924641

目录

第三章　古钟表联合修复室的修复合作

序　言

高永海

　　北京故宫博物院和承德市避暑山庄博物馆同属宫廷遗址类博物馆、著名的世界文化遗产地，同为清宫最重要的文物收藏胜地。两处宫殿可谓文化同根，历史同行。多年来双方在古建保护、展览展示、文化交流等多方面始终保持友好合作关系。故宫博物院拥有目前中国国内面积最大、功能门类最完备、科研设施最齐全的文物科技保护机构，是博物馆行业的翘楚。与之相比，避暑山庄博物馆在科技保护方面存在明显不足。

　　避暑山庄博物馆珍藏清代宫廷瓷器、珐琅、钟表、家具、挂屏、书画等文物21722件套，17万余件，其文物历史、制作工艺等与故宫博物院院藏文物一脉相承。目前，这些馆藏文物很大一部分存在污垢、破损、缺失等病害，亟待进行修复保护。

　　2019年5月，故宫博物院与承德市避暑山庄博物馆正式签订协议，本着"真诚合作，讲求实效，互惠互利，共同发展"的原则，在文物分析与保护、传统修复技艺研究、科研课题申报、人员培训与交流等方面开展全面合作，共享专业平台资源，竭诚为相关文物的认知、保护、展示、传播、再现等提供便利，力争取得"双赢"。双方商定先期成立"古钟表联合修复室"，启动对避暑山庄馆藏钟表的修复、研究，之后逐步开展其他门类文物的保护性修复合作（图1）。

　　合作选取钟表作为开篇，原因是古钟表是双方文物藏品中较为特殊的一个种类，是反映明清时期中西方文化交流盛况的重要遗存。故宫博物院古钟表修护室是国家级非物质文化遗产代表性项目"古钟表修复技艺"唯一的传承单位，修复经验丰富。避暑山庄博物馆现收藏钟表48件，与历史上保管与收藏的情况相较，数量锐减，只是避暑山庄原有钟表数量的七分之一。但具有种类齐全、涵盖面广的特点，其精美程度也与皇宫一致。首选古钟表与

图 1　古钟表联合修复室成立

故宫博物院进行合作，是期望这些钟表经过故宫专家指导，能够得到完全的高水平的保养和维护，形成避暑山庄博物馆馆藏品中最完整的系列。

2017 年文化部非物质文化遗产司主办，故宫博物院承办的"古代钟表修复技艺培训班"只招收 10 名学员，避暑山庄博物馆有幸选派了 2 名学员。2019 年下半年起，古钟表修复技艺第三代传人王津，第四代传人亢昊楠、杨晓晨、刘潇雨等陆续来到避暑山庄博物馆，双方开始对馆藏钟表开展合作性修复研究。通过近两年的努力，已取得阶段性成果，完成了 22 件古钟表的保养和修复。这些百年前帝后钟爱之物，在修复师手中又一次焕发了生机与魅力（图 2）。

2020 年 9 月 16 日，文化和旅游部党组成员、北京故宫博物院院长王旭东，北京故宫博物院副院长赵国英亲临承德避暑山庄博物馆，为"古钟表联合修复室"揭牌（图 3）。河北省文物局局长张立方，承德市人民政府市长常丽虹、副市长崔万峰陪同参观了避暑山庄博物馆钟表展，修复人员现场汇报了工作开展情况。王旭东对双方合作取得的丰硕成果非常满意，并对进一步合作提出具体意见和要求（图 4、图 5）。

这次古钟表修复合作只是一个良好的开端，今后在故宫博物院的引领下，双方将在各个方面深度合作，在文物科技保护的路上携手前行。

2021 年 5 月

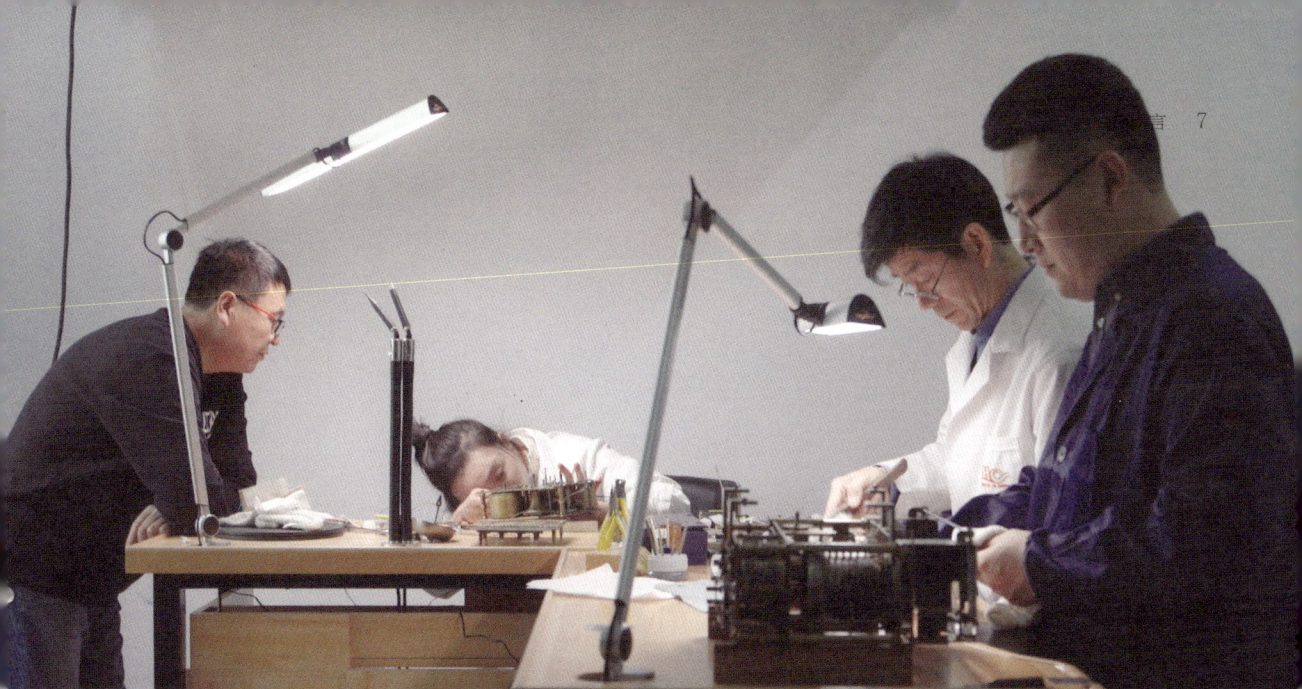

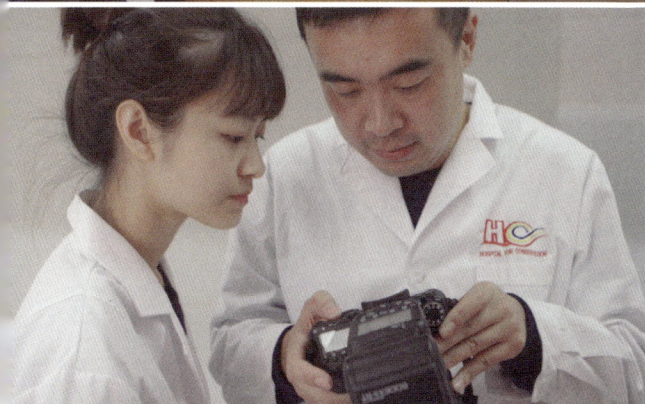

图2 联合修复工作

图 3   揭牌仪式

图 4   参观修复室

图 5　考察修复工作

第一章

避暑山庄钟表概述

避暑山庄钟表作为宫廷钟表收藏的重要组成部分，历史上数量巨大。避暑山庄历经多次扩建，为满足不断增加的室内高档陈设用品需求，钟表源源不断地从北京皇宫流入这座规模最大的皇家园林。无论是清宫做钟处的作品，还是国外进口的钟表，北京皇宫拥有的品种，避暑山庄也都具备，具有种类齐全、涵盖广泛的特点；而且其精美程度与北京皇宫一致，质量高，品相好。

每逢避暑山庄举办重大庆典活动，总能看到钟表的身影。山庄钟表以耀眼的光芒见证了一段段不朽的历史，并将一个个瞬间刻录在永恒的历史年轮里。

第一节

避暑山庄收藏的清宫钟表

16 世纪 80 年代，西方钟表自南部沿海传入内地，中国钟表开启了制作和收藏的历史。一直到 1911 年清朝结束，清宫钟表经历了三百多年的历程。在这三百多年中，钟表因其精巧的设计、独特的功能、美观和名贵的装饰成为奢侈品的代表。由于清朝帝王的喜爱，大量精美的钟表源源不断地流入皇宫，皇宫及皇家园囿成为钟表最集中的典藏地，皇帝成为拥有钟表最多的收藏者。避暑山庄作为清朝最大的皇家园林，自然成为宫廷钟表收藏的重要组成部分。

据目前查阅的避暑山庄殿堂陈设清档来看，山庄钟表到嘉庆年间有 300 多件，收贮最多的是如意洲，有钟表 68 件。下文将介绍重要殿堂内陈设的钟表情况，以飨读者。

一、山庄钟表收藏展示

避暑山庄内，主要分为宫殿区、湖区和山区。宫殿区主要建筑有正宫区、松鹤斋、东宫、万壑松风；湖区的重要景点有如意洲、烟雨楼、月色江声；山区的主要建筑有梨花伴月、秀起堂、珠源寺。以上共十处建筑，代表了山庄主要的建筑特色。

以上十处建筑殿堂内收藏的钟表占山庄钟表总数的近一半。

二、钟表数量和种类反映出建筑本身的使用功能

笔者查阅陈设档，发现如意洲收藏的钟表有 68 件之多，数量为山庄之最，很是意外。原以为钟表收藏最多的应该是正宫区，然而正宫区存有 21 件，数量仅为如意洲的 1/3。

通过查阅档案和史料，归纳其原因大致为以下三种。

（1）康熙五十年（1711 年）以前，

如意洲一直是山庄的中心，作为宫殿区，其内部陈设最为奢华，作为奢侈品代表的钟表显然应该在这里展示。

（2）乾隆皇帝登基后，于乾隆六年（1741年）第一次来到避暑山庄，首先整修的就是如意洲，将主殿施以彩绘，为水芳岩秀新题"乐寿堂"牌匾，以此作为其生母钮祜禄氏驻跸之处。钮祜禄氏在此居住直至乾隆十四年（1749年）松鹤斋修建。如此，在殿堂内增设钟表也就不足为奇了。

（3）如意洲面积3.5万平方米，是山庄最大的洲岛，坐拥康熙、乾隆七十二景中的十二景，是苑景区中线的高潮部分，深得康熙、乾隆的喜爱。这样看来，钟表陈设于此，也是为了方便清朝皇帝欣赏和把玩。

另外，值得一提的就是正宫区的烟波致爽殿，作为清朝皇帝的寝宫，是正宫区最有生活气息的殿堂。为显示其奢华尊贵，除了设有富丽堂皇的座钟以外，还设有体量小、造型新颖、制作精巧的小表14件。有嵌宝石的，有嵌玛瑙的，最稀奇的，是有一件戒指表，被珍藏在青玉腰式盒内，足见皇室对它的喜爱。

三、山庄内钟表陈设广泛

宫殿区、湖区主要殿堂都陈设有钟表，数量占全部的2/3。山区的园林景观殿堂，也通常会在主殿内陈设一两件。

寺庙建筑的主殿内并未陈设钟表，但在寺庙附属的园林建筑内却可以发现两三件，如碧峰寺的味甘书屋、珠源寺的水月精舍和木映花承。

山庄内，香远益清的紫浮殿是唯一一个陈设两座钟表的佛堂，康熙、乾隆对这座佛殿非常喜爱和重视，重要佛事活动多在此举行。乾隆十九年（1754年）曾摆设一件，第二年进行了改造。乾隆四十五年（1780年），六世班禅不远万里到承德为乾隆皇帝庆贺七十大寿，在紫浮殿内举办佛事活动，为乾隆念经祈福，乾隆特意调来圆明园水法十一间楼的挂钟一架。

避暑山庄部分殿堂藏钟表一览表[①]

陈设地点		名称	数量	时间	来源
烟雨楼	环碧	铜珐琅表	1 对	嘉庆二年	陈设档
		自鸣钟	1 件		
	临芳墅	自鸣钟	1 件		
	烟雨楼	音乐自鸣钟	1 对		
		时乐钟	1 对		
		自鸣钟	4 件		
		规矩表箱	1 对		
	对山斋	挂表	1 件		
		规矩表箱	2 对		
		紫檀座四足自鸣钟	1 件		
如意洲	延薰山馆	自鸣钟	8 件	嘉庆五年	陈设档
		大表	1 件		
		玻璃表镜	1 件		
		西洋马钟	1 件		
		西洋牛钟	1 件		
	水芳岩秀（乐寿堂）	西洋牛钟	1 对		
		风琴时刻钟	1 对		
		盆景代表钟	1 对		
		玻璃表镜	2 件		
		铜嵌玛瑙表箱	2 对		
		珐琅自鸣钟	1 对		
		时刻自鸣钟	1 件		
		铜珐琅挂钟	1 件		
		玻璃规矩表镜	1 对		
		三角自鸣钟	1 件		
		铜镀金表龛	1 件		
		紫檀座洋表	1 对		
		铜珐琅表箱	1 对		
	亭子楼	亭式钟	1 对	嘉庆五年	陈设档
	一片云	水法自鸣钟	1 对		
		音乐时刻钟	1 对		
		自鸣钟	2 件		
		玻璃表镜	1 件		
		铜嵌玛瑙表箱	1 对		
	双松书屋	自鸣钟	9 件		

（续表）

陈设地点		名称	数量	时间	来源
	沧浪屿	铜嵌玛瑙表箱	1 对		
		紫檀象表镜	1 对		
		自鸣钟	3 件		
	云帆月舫	西洋亭式钟	1 对	嘉庆五年	陈设档
		镶嵌亭式钟	1 对		
	备用	铜挂钟	1 件		
月色江声	静寄山房	青绿铜挂钟（紫檀座）	1 件		
		铜时乐钟	1 对		
		时乐钟	1 件		
		自鸣钟	1 件		
		铜时乐钟	1 对	嘉庆十三年	陈设档
		时乐钟	1 件		
	莹心堂	洋铜时乐钟	1 对		
		鸟兽自鸣钟	1 件		
	湖山罨画西间	洋铜时乐钟	1 对		
东宫	看戏楼	鸟兽顶镶玻璃自鸣钟	1 件		
		紫檀嵌螺甸亭式钟	1 件		
	烟月清真	音乐表	3 件		
	西洋房	音乐钟	1 件	嘉庆十三年	陈设档
	勤政殿	洋铜自鸣钟	1 件		
	五福五代堂	自鸣钟	2 件		
		规矩表盒	2 对		
万壑松风	大殿	自鸣钟	1 件	嘉庆十四年	陈设档
	鉴始斋	青玉钟	2 件		
松鹤斋	松鹤斋殿	玻璃架座时刻钟	1 件		
	乐寿堂	洋漆桌钟	1 件		
	继德堂	洋铜时刻钟	5 件		
		洋铜水法时刻钟	1 对	嘉庆十四年	陈设档
	畅远楼	时刻钟	1 件		
		洋铜水法钟	1 对		
		玳瑁时刻钟	2 件		
		洋铜水法时刻钟	1 对		

（续表）

陈设地点		名称	数量	时间	来源
正宫区	澹泊敬诚	洋漆时乐钟	1件	嘉庆二十四年	陈设档
	四知书屋	自鸣钟	1件		
	烟波致爽	铜镀金西牛串珠镶嵌问乐表	1对		
		银镀金双针表	2件		
		铜镀金双针表	2件		
		铜镀金镶嵌花玛瑙西洋表	1对		
		子尔皮双针表	1件		
		戒指表	1件		
		珠子口三针表	1对		
		西洋表	2件		
		刻花玻璃时乐钟	1件		
		八音宝塔问乐钟	2件		
		漆架时乐钟	1件		
		玉镶嵌描金钟	1件		
梨花伴月	永恬居	表（随索子）	1件	嘉庆十九年	陈设档
		金星玻璃镶嵌洋乐钟	1对		
		铜珐琅塔钟	1对		
		自鸣钟	1对		
		表（紫檀座）	1对		
	素尚斋	西洋表	1对		
		时乐钟	1对		
		玻璃时乐钟	2件		
		乌木西洋自鸣钟	1件		
秀起堂	经畲书屋	彩漆自鸣钟	1件	嘉庆十九年	陈设档
	秀起堂殿	洋表	1件		
		铜花镶嵌玳瑁亭式自鸣钟	1件		
		洋人自打钟	1对		
		镶嵌紫檀自鸣钟	1件		
珠源寺	水月精舍	乾隆款自鸣钟（花梨座）	1件	嘉庆二十三年	陈设档
	木映花承	乌木嵌玻璃时乐钟	1件		
合计			178		

第二节

避暑山庄钟表的来源

对清朝皇帝而言，钟表既是计时器，又是陈设品；既是高档实用器物，又是精美艺术杰作。故而千方百计搜求网罗，各式钟表汇聚于皇宫内，而这些钟表又源源不断地分流到避暑山庄。

一、做钟处专为山庄制作的御制钟

做钟处是负责清宫钟表制作的机构，下设于养心殿造办处，其前身为自鸣钟处。做钟处的匠役遵照皇帝旨意制造各种计时器，以满足宫廷和皇家园囿之需要，流程上一般是先由皇帝提出基本意向或者具体要求，工匠据此进行设计，或由内务府大臣依据成例奏请，批准后由匠役照样制作。

对做钟处的工作，皇帝经常参与和干涉，从钟表样式的设计到制作所用的材料，都要经过皇帝批准。正因为皇帝的直接参与，清宫所制钟表才被称为"御制钟"，多有"乾隆年制"款儿。御制钟的

特色是华贵与典雅。

查阅现有档案，山庄制作钟表最早的记载见于乾隆十年（1745 年）：

五月二十六日副司库太山保来说，首领孙祥将做得热河如意洲大墙表一分，持进交太监胡世杰呈览，奉旨：着首领孙祥急去安上，钦此。于五月三十日首领孙祥将墙表一件持赴热河安讫。②

二、将做钟处库存的钟表调拨到山庄

做钟处库存的钟表被调拨到山庄，这种情况最为普遍，也是山庄钟表最主要的来源。仅乾隆二十年（1755 年）这一年，就有多次调拨记录：

五月初四日，乾隆从圆明园库储未陈设钟表三十件中挑得铜架镶嵌珐琅花有鸟

兽时刻钟一座、铜塔玻璃顶白玻璃架时刻钟一座、紫檀木架八仙庆寿时乐钟一座、紫檀木架镶嵌银母花八角亭子时刻钟一座派人送往热河陈设。

五月十三日，将京内库储未陈设钟表十五件内铜顶黑漆架人舞花时乐钟一座、高丽木架铜透花顶铜透花条时刻钟一座送往热河陈设。

六月初八日，内务府大臣阿里衮、三和奉旨将造钟处现有陈设钟八座，并五更钟派人送往热河。③

乾隆二十年（1755 年）前后，正是避暑山庄大规模改扩建之时，正门丽正门被改造后，宫殿区的主殿澹泊敬诚全部用楠木改建，外围还修建了藏传佛教寺庙——普宁寺，缘何如此？

此时，厄鲁特蒙古各部首领包括杜尔伯特部三车凌，辉特部阿睦尔撒纳、绰罗斯噶尔藏多尔济，达什达瓦寡妻等率领部众纷纷款关内附。乾隆皇帝对此极为重视，决定在避暑山庄进行接见。厄鲁特蒙古各部的归附，不仅大大削弱了准噶尔部的势力，而且清政府因此掌握了准噶尔部的大量内部情况。乾隆皇帝力排众议，于乾隆二十年（1755 年），兵分两路，开始

了第一次平准战役，标志着清政府统一新疆事业的正式开启。

在这样的大历史背景下，避暑山庄发挥着蒙古事务的策源地、理藩政策的主要载体的巨大作用。为了向前来归附的蒙古各部彰显皇家气派、皇家仪度，乾隆皇帝对避暑山庄进行了大规模改扩建，并大量增设富丽堂皇的陈设品。清朝最为贵重的奢侈品——钟表，也因此源源不断地被运到避暑山庄，见证了这一重大历史时刻。

三、将引进到清宫的西洋钟表调拨到山庄

据做钟处宫内陈设钟表档记载：

乾隆二十一年（1756 年）十一月初十日，经乾清宫总管刘玉、潘凤，养心殿内总管仓州，圆明园总管李裕联合清点，做钟处共为避暑山庄配置钟表十八件。

澹泊敬诚陈设：铜透花条顶高丽木架时乐钟一座。

依清旷陈设：荔枝形铜塔铜条擦漆架有作房玩意时刻乐钟一座。

万壑松风陈设：雕花紫檀木楼大五更钟一座。

卷阿胜境陈设：铜架镶嵌洋瓷花有鸟兽时刻钟一座。

西尽间陈设：铜塔铜条擦漆架有戏舞二人玩意时刻乐钟一座。

楼下西尽间陈设：八角亭子时刻钟一座。

勤政殿陈设：铜顶黑漆架人舞花时乐钟一座。

清舒山馆陈设：杏木架时钟一座。

如意洲无暑清凉陈设：荔枝形铜塔铜条擦漆架有戏舞二人玩意时刻乐钟一座。

水芳岩秀陈设：铜塔玻璃顶白玻璃架时刻钟一座。

一片云陈设：镶嵌珐琅条顶紫檀木架八仙庆寿时乐钟一座。

紫浮陈设：铜塔铜条擦漆架时问钟一座。

惠迪吉陈设：镀金架时刻钟一座。

霞标陈设：铜透花条顶乌木架时钟一座。

清溪远流陈设：荔枝形铜塔铜条有拉琴玩意乌木架花表盘时刻乐钟一座。

千尺雪陈设：荔枝形铜塔铜条擦漆架有戏舞二人玩意时刻乐钟一座。

梨花伴月陈设：铜顶葫芦式镀金架时刻钟一座。

观瀑陈设：镶嵌铜透花条顶紫檀木时刻钟一座。[4]

以上十八件中就有为数不少的西洋钟表。档案中明确记载西洋钟表运送到山庄陈设的情况也常常看到：

乾隆二十三年四月二十九日做钟处新收钟表等项开后：镶嵌铜透花条高丽木架时刻钟一座。此钟于二十五年十月初十日陈设在热河木暎花承诖。[5]

有时，做钟处还会将引进到皇宫内的西洋钟表进行维修后再调拨到山庄陈设，如乾隆三十三年（1768年）八月十八日：

传与内务府大臣英廉：将做钟处新进到异兽顶异兽腿铜花架糊锦夹纸座时乐钟二座之内只要一件，收拾见新。御制钟内要二件，内西洋木架时刻钟一座、高丽木架时刻钟一座，共钟三件，着派人送往热河来，钦此。[6]

四、将皇宫内殿堂陈设钟表调配到山庄

皇宫内殿堂陈设的钟表调配到山庄这

种情况，往往伴随着皇家的重大历史事件或重要庆典活动，因时间急迫，只好选取皇宫内殿堂适合之物直接调运到山庄。

乾隆四十五年六月初一日，中堂英廉谕：将圆明园水法十一间楼南尽间楼下现陈设挂钟一架，着派副催长霍伦送往热河紫浮安挂，遵此。⑦

关于五更钟的调运，还可以与一件影响近代史的重大历史事件联系上。

乾隆五十七年五月二十九日，纵观张进喜传旨：淳化轩现设五更钟一座，着随报寄信交内务府大臣伊派人送来，即交京内做钟处照样补做五更钟一座，钦此。于六月初九日催长苏楞额将送到五更钟一座，持进交太监顺喜呈览，奉旨：着在依清旷内安设，钦此。⑧

调运五更钟是为当年的万寿节做准备，而提到万寿节就不得不提到乾隆五十八年（1793 年）来华的英国马戛尔尼祝寿使团。使团为乾隆皇帝补祝八旬万寿，随船带来了精心挑选的贵重礼物，装了整整六百箱。

乾隆皇帝为了让接待英国贡使的场面盛大而热烈，决定让马戛尔尼一行参加于乾隆五十八年（1793 年）秋在避暑山庄举行的八十三岁万寿大典。据史料，英国方面在挑选礼品上十分谨慎，最终选择了体现国家现代化程度的礼物——西洋语布蜡尼大利翁大架，一台天文地理音乐钟。这是一架复合天文计时器，它不仅能随时报告月份、日期和钟点，而且通过它还能了解到，地球只是茫茫宇宙中的微小部分。礼品中，还有一个八音钟，除计时报刻外，可奏出 12 支古老的英国曲子，是由伦敦机械师乔治·克拉克制造的，造价十分高昂。

乾隆皇帝看到的由贡使翻译的礼品清单上，第一件礼品就是上面提到的天文地理音乐钟，礼品单上还详细记录了其功能，强调其古今所未有、巧妙独绝、利益甚多，于西洋各国为上等器物。因其高大，分拆 15 箱，让原制造工匠跟随以便安装。

据说，这些细微的描述是马戛尔尼按照他所理解的"东方风格"——使用夸张手法，精心准备的文案，无非是为了显示礼品的珍贵。但马戛尔尼却不了解在东方的送礼文化中，送礼人应该谦虚地描述所赠送礼品的价值，以免使受礼的人感到羞愧，尤其这个受礼人是乾隆大帝。

这些华丽的辞藻不但没有取悦乾隆，反而惹得乾隆很不高兴，认为"所载物件俱不免张大其词，此盖由夷性见小自为独得之秘，以夸炫其制造之精奇。现已令选做钟处好手匠役前来，俟该国匠役安装时随同学习即可谙悉"[9]。

乾隆帝亲自教授长芦盐运使徵瑞外交手段，"于无意之中，向彼闲谈"，告知"至尔国所贡之物，天朝原亦有之"[10]。这样，贡使就不会以这些奇特的礼品自吹自擂了。为了证明所言不虚，以事实说话，乾隆当天下谕旨从京城皇宫及圆明园的陈设中挑选仪器钟表送到承德。档案记载，乾隆皇帝挑选的有：

养心殿东暖阁浑天仪器 2 件，奉三无私殿仪器表 1 座，特别注明这件是汪达洪[11] 做的。

宁寿宫内景福宫大仪器表 1 座，万方安和玻璃架子钟 1 座，淳化轩写四样字钟 1 座。[12]

将养心殿和宁寿宫的陈设都移过来

了，可以说乾隆可是下了血本，他还特别强调将服务在做钟处的通晓天文日月星宿地理，并能修理钟表之上好西洋人带几名前来热河。[13]

清单中的礼品，因体量太大，安装费时，大多数最终还是留在了圆明园，乾隆并没有在生日当天看到它们。

英国使臣由大学士和珅亲自陪同，游览中国最大的古典园林避暑山庄。马戛尔尼在参观时，惊讶地发现，中国的皇帝已经拥有了不少英国制表大师的作品。向导遵照皇帝的旨意，有意向使团的成员展示各处宫殿中陈设的种种巧夺天工的机器人、机械动物及大型仪器和钟表。据说，这还引发了一段不愉快的插曲。

据斯当东所记，当走到一处陈列"自动弹簧机器"的地方时，英国人有礼貌地附和大家，捧场赞扬，在一旁的福康安将军便非常高兴地询问英国是否也有这种机器。对方回答说，这些东西就是从英国运到中国的，福康安脸上立刻显露出了败兴的神色。

英国人通过和珅、徵瑞、福康安等人的接触，得知"中国大臣们，比皇帝本人更坚持中国居于其他国家之上的这种过时的陈旧观点"。[14]

第三节

避暑山庄钟表种类和陈设方式

山庄钟表种类从国别角度进行划分，有中国制造和外国引进两类。中国本土制造的钟表的主要来自清宫做钟处、广州、苏州，外国引进的钟表主要来自英国、法国、德国、瑞士等，其中以英国制造的钟表最多，也最为精美。

做钟处遵照清朝皇帝旨意制作钟表，由造办处内漆、木、金、玉、牙、铸炉、枪炮等作坊配合。做钟处制作的座钟，其表盘上大多有"乾隆年制"四字。机芯多以发条为动源，配以链条和塔轮组成动源机构，均为二针钟，可走时、报时。机构复杂的，还可打刻、打乐或"问钟"。做钟处生产的钟表种类有自鸣钟、更钟、时乐座钟、座钟、问钟、闹钟等，其中以自鸣钟、更钟最具代表性。从造型的角度，还可分为楼阁式钟、转塔钟、如意钟、迎手钟、冠架钟等。

其中，值得一提的是更钟，它是依据中国古代夜间传递时间的方式——打更的传统，创制的独特钟表类型。通过几个关键的装置，在夜间把不同节气的更时，以听觉信号的形式传达给人们，是钟表传入中国三百多年的时间里，唯一的对世界钟表技术有突出贡献的发明。由于其十分珍贵，在档案内，能见到的也只有两件：一是乾隆二十年（1755 年）摆设在万壑松风大殿的雕花紫檀木楼大五更钟一座；二是乾隆五十七年（1792 年）五月乾隆命做钟处将淳化轩五更钟直接调配到避暑山庄四知书屋，后又仿其样式承做了一座更钟，补设在淳化轩。

广州钟表主要以铜镀金为外壳，上嵌色彩艳丽的珐琅、料石，造型多为亭、台、楼、阁、塔。广州钟表从整体造型到钟表图案均寓意吉祥、幸福、长寿，具有鲜明的民族特色。其内机械构造复杂，具有多种功能，既能打点报刻，又有音乐、转花、流水、转人等，其中精品都被选入了清朝皇宫和皇家园囿。陈设档内大量的铜珐琅挂钟，铜鎏金花架钟，即是广州钟表。

苏州钟表钟体相对于广州钟表高大宽厚，造型及机械构造也比广州钟表简单，色调淡雅，以清代中期以后生产的插屏钟为代表。陈设档内，有一对陈列在瀑布倚翠亭的紫檀自鸣钟插屏。

英国钟表主要通过粤海关购进，还有一部分来自英国使节赠送。英国钟表以金光灿烂的铜镀金为外壳，造型表现出欧洲的传统风格，有建筑、山村、田园风光等，还有以栩栩如生的动物作装饰，钟表镶嵌在恰当部位，机械设计各具特色，有各式的转花、跑人、水法、转蛇等，给人以新奇华丽之感。陈设档中常提到的铜胎水法时乐钟、西洋马钟、西洋牛钟、风琴时刻钟、洋人自打钟都是此类的代表。

除上述各式钟表外，避暑山庄内还有一批由金、银、珐琅、钻石等珍贵材料制成的小怀表，主要为英、法、瑞士等国制造。正宫区的烟波致爽殿就藏有铜镀金西牛串珠镶嵌问乐表、铜镀金镶嵌花玛瑙西洋表、珠子口三针表、戒指表、银镀金双针表等各式小表14件。

钟表陈设分常年性陈设和年节陈设。前者基本是永久性的，钟表摆放在一个地点后不再移动。而后者则是临时性的，只逢年节陈设，以烘托节日祥和喜庆的气氛，年节过后则收入库内。

类别、大小不同的钟表，在殿中都有对应的陈设位置，且形成一定的规律。如筒子钟多对称倚墙立于门旁，既符合中国人凡物讲求左右对称的习惯，又使颀长的筒子钟看起来有安稳感。隔断墙表自然是围墙而设。挂瓶表多在墙壁上、柱子上陈设。即便是同类钟表，因大小之分，所摆的位置也各异。以最普遍的座钟为例，大型座钟随钟架放于地面；中型座钟多在桌、案、条、几上；小型座钟置于炕上、座椅旁或窗台上。乾隆时期的钟表在陈设时还有一个突出特点，即绝大部分都是成对摆放的，这可以很好地解释为什么中国从西方进口钟表时往往要成双成对这一现象。

清朝皇帝离开皇宫，到避暑山庄和木兰围场出巡时，自鸣钟处都要派太监携带钟表随侍。皇帝乘坐的交通工具内，如御用车轿、马鞍等也都安有钟表。轿子是皇帝最常用的代步工具，由于轿中空间的局限和行进中的颠簸，座钟不适合在车轿内陈设。车轿陈设表大致分为两种：一种形制似怀表，但比怀表大，有环可以悬挂；另一种是挂瓶表，可以固定在轿子内壁上。皇帝的御用马鞍装饰华美，饰有各种宝石，有的会在马鞍的正面中央镶嵌小表。

第四节

避暑山庄钟表的保管、维修和毁变

山庄启用后，清朝皇帝几乎每一年都会往返于北京紫禁城、承德避暑山庄之间。到承德出巡随侍的钟表为"架子钟二座，小钟表二十件"。档案中多次提到自鸣钟处和做钟处为包裹、塞垫这些随侍的钟表，而奏请制作更换黄绸毡胎套、软套、红绸挖单、黄绸挖单、黄布棉垫子，以及索要粗黄布、棉花等物，并且为拉运、搬抬这些钟表还配有专门的马车和夫役。从中大略可以推知，皇帝出巡过程中所用钟表的保管状态，应该是置于木箱之中，用布套包裹后，再用棉花、垫子等塞垫。

大型的座钟在山庄殿堂陈设时，有两种办法保管防尘，一是将钟表放在玻璃罩内，就是档案中通常所说的钟罩。这种钟罩是按照钟表的外观形状、大小进行设计的，一般呈金字塔状，用硬木或铜条制成框架，四面镶嵌玻璃，其中一面做成可以开合的门，以便于调试钟表。玻璃钟罩无

论何时都可使用，不影响钟表的欣赏和上弦。如永佑寺御座房的一件洋表和旃檀林天籁书屋一座自鸣钟都明确标示附带玻璃罩。二是使用绸套包裹、布单遮盖，布单在档案中被称为"挖单"。"挖单"为满语词，相当于汉语中的包袱皮、苫布。这种布单有大有小，大的可以罩盖多件钟表，视具体情况而定。

乾隆三十一年（1766年）五月《自鸣钟处承做热河活计档》记载：

二十七日接得副催长福明持来帖一件内开：查得此次热河出外随侍架子钟二座，小钟表二十件，应用鞔黄绸毡胎套二件，上黄绸二块，软套二件，红绸油挖单二块，黄绸挖单五块。自二十六年呈明换过至今俱已糟烂不堪，应用请照旧式另行成做，其有旧挖单七块存作以备遮盖钟表。[15]

小表的存放相对灵活。一般是集中放在特制的表箱中，表箱有各种规格，不同质地。表箱内，按照每个表的大小形状做出凹槽，小表放进去非常安稳。"避暑山庄部分殿堂藏钟表一览表"中列有规矩表箱、铜嵌玛瑙表箱、铜珐琅表箱等。

如同对钟表制作一般，乾隆帝对钟表的维修、改造会全程干预，以紫浮收藏的第一件钟表为例：

乾隆十九年十二月初四日，副催总福明持来帖一件内开，为本年六月十六日太监胡世杰传旨：将热河紫浮旧陈设葫芦式铜撒花镀金架铜镀金座表一件，着带进京去交做钟处将旧穰子拆，用另换新穰子一分，俟回銮之日画样呈览，钦此。

于本年十一月二十六日首领孙祥画得表盘镀银屉板镀金纸样，铜镀金塔，持进交太监胡世杰呈览，奉旨：照样准配做时刻钟穰一分，其架子梅洗收拾见新，应添补处添补，旧穰子毁材料用。钦此。[16]

这段记载非常重要，不仅证明在紫浮藏有钟表，而且反映出做钟处维修钟表要完全遵照乾隆皇帝旨意，甚至修改的部位、纸样、材质到废旧材料的处理都需要乾隆皇帝一一指示。改造后的此件钟表名称由"葫芦式铜撒花镀金架铜镀金座表"改为"铜塔铜条擦漆架时间钟"，于次年五月重又陈设在紫浮。

不用说钟表的内部改造，就连钟表上的几根丝绳更换，乾隆皇帝都会细心过问，颁布旨意。如乾隆三十五年《造办处承做热河活计档》提到对万壑松风更钟的维修情况：

六月初三日接得催长福明押帖一件，内开首领党进忠报称：热河万壑松风陈设大五更钟上丝绳五根，各长七尺，径三分，系乾隆十八年份成做，因经年久糟旧不堪，应用请照旧式换做新丝绳五根，应用等因回明额驸福大人英，准行遵此，总管金观准行记此。

五根丝绳的更换，至少经历五人，五个环节。笔者不禁由此想到，钟表在传到中国后的三百多年时间中，就钟表技术而言，中国的钟表制造一直以模仿为主，对技术创新缺乏兴趣和动力，反而是与钟表制作密切相关的机械玩偶和变动机械水平得到了发展，甚至达到极致。究其原因，皇帝的过多干预有直接的影响，工匠必须严格按照皇帝的旨意进行设计和制造，势必严重束缚了他们的想象力和创造力。

所谓"毁变"是指清廷对破旧、不堪使用之钟表采取的处理方式，即毁铜和变卖。大量的钟表，使用或陈设时间久了，难免糟旧损坏，无法修复。此类钟表的处理方法主要有二：一是将其熔化毁铜，再将化得的铜另作他用；二是将其交给崇文门税关变卖，所得价银交回内务府，或按数缴纳铜材。

档案中明确记载对山庄钟表集中毁变开始于乾隆五十三年：

九月初七日，接得本报上寄来信帖，内开九月初三日大学士和珅传旨：热河园内等处撤下钟二十四对、表一件，着总管董椿、佛保包裹装箱动用官项雇觅人夫除派员外郎大达色、千总一名押运送京交伊龄阿折铜，钦此。

九月二十三日奴才伊龄阿谨奏，为奏闻事：遵旨解送到热河园内各等处陈设三等、四等并五等及库存钟表共四十九件，今派得员外郎五德、大达色会同崇文门委官主事广泰共称得二千二百五十四斤，应照例按十倍交铜二万二千五百四十斤，为此谨奏等因，缮写摺片一件，交太监鄂鲁里具奏。奉旨：知道了，钦此。计开：

文园问乐时钟一对，共重一百四十斤；

清溪远流时乐钟一对，共重一百三十斤；

创得斋腰圆表一对，共重五十斤；

松鹤清越时乐钟一对，共重五十斤；

文园自鸣钟一对，共重一百六十斤；

梨花伴月时乐钟一对，共重一百斤；

如意洲全莲映日时乐钟一对，共重一百四十斤；

万壑松风问乐时钟一对，共重一百五十斤；

戒得堂问乐时钟一对，共重一百五十斤；

清舒山馆时刻乐钟一对，共重一百二十斤；

烟雨楼时乐钟一对，共重一百六十斤；

文园清问阁时乐钟一对，共重五十斤；

有真意轩问乐时钟一对，共重七十斤；

月色江声问乐时钟一对，共重七十斤；

勤政殿时乐钟一对，共重一百一十斤；

葫芦问乐时钟一对，共重一百十斤；

松鹤清越时问乐时钟一对，共重五十斤；

锤峰落照时钟一对，共重十斤；

清舒山馆时乐钟一对，共重七十斤；

写心精舍时乐钟一对，共重七十斤；

月色江声时钟一对，共重十斤；

写心精舍表一件，重四斤；

春好轩时乐钟一对，共重九十斤；

羚羊时乐钟一对，共重九十斤；

花神庙时乐钟一对，共重一百斤；

以上钟二十四对表一件共重二千二百五十四斤。[17]

此种淘汰方法，使许多早期钟表无迹可寻。现在的宫廷钟表收藏中，雍正时期以前的钟表数量极少，可能就是出于这一原因。

第五节

避暑山庄现存钟表概况

避暑山庄馆藏钟表数量的变化，不仅体现出避暑山庄文物的变迁情况，也反映出承德的历史文化背景。

1912 年熊希龄出任热河都统后呈文袁世凯，希望修整避暑山庄，整理其中所存文物，并建议将文物装箱运往北京。

于是，从 1913 年 11 月 18 日至 1914 年 10 月 28 日，1494 箱又 1877 件共计 119500 余件，分七次，由滦河起运（水运），运往北京。此后，承德避暑山庄的文物便所剩无几了。1914 年 4 月 28 日，国民政府在故宫文华殿和武英殿成立古物陈列所，主要用来保管和陈列热河和奉天两处行宫的文物。

1933 年，日军入侵热河，华北危急，古物陈列所所藏文物也奉命装箱南迁，这些文物包括铜器、瓷器、书画、玉器、钟表、挂屏、古籍等 11 万余件。

抗日战争胜利后，国民政府行政院决定将古物陈列所并入故宫博物院，同时决定将古物陈列所已经运至南京的文物拨交至中央博物院。

1955 年，文化部批准，由南京起运部分文物送往承德。于是，带有"热"字号的文物，共 144 箱 9 类 7707 件移交承德，其中钟表 27 箱 46 件。

1983 年、1985 年分别有 15 件和 32 件古钟表送到故宫博物院进行检修，当时参与修复的人员有马玉良、齐刚、王津和秦世明。

截至现在，避暑山庄现存钟表只有 48 件，全部收藏在避暑山庄博物馆，仅占避暑山庄原有钟表的 1/7。现存钟表当中，从产地来看，以英国钟表为主，还有少量的法国钟表；中国制造的有清宫造办处制作的御制钟、广州地方生产的花架钟等。从材质来看，有铜镀金、大理石、紫檀木、红木、玻璃、珐琅等。从机械功能来看，有普用计时、活动人偶、水法、鸟音、开花等。避暑山庄现存钟表有各式

种类、琳琅满目，构思精巧，设计奇特，在当今中国博物馆的钟表收藏中具有代表性。

注释：

① 笔者对收藏在《清宫热河档案》内的所有殿堂档案进行了查阅，共 32 本档案，涵盖殿堂 74 座，收藏钟表 331 座。

② 中国第一历史档案馆、香港中文大学文物馆合编：《清宫内务府造办处档案总汇》第 13 册，人民出版社 2005 年版，第 586 页。

③《清宫内务府造办处档案总汇》第 21 册，第 339—481 页。

④《清宫内务府造办处档案总汇》第 22 册，第 312—358 页。

⑤《清宫内务府造办处档案总汇》第 24 册，第 8—16 页。

⑥《清宫内务府造办处档案总汇》第 32 册，第 85 页。

⑦《清宫内务府造办处档案总汇》第 44 册，第 143 页。

⑧《清宫内务府造办处档案总汇》第 53 册，第 288 页。

⑨ 中国第一历史档案馆、承德市文物局合编：《清宫热河档案》第 7 册，中国档案出版社 2003 年版，第 262 页。

⑩《清宫热河档案》第 7 册，第 262 页。

⑪ 汪达洪（1735—1787），法国耶稣会士，于乾隆三十一年（1766）来华，是乾隆皇帝中后期造办处最重要的钟表和机械技术骨干之一，也是乾隆时期宫廷西洋钟表匠师留下史料最多的一位。

⑫《清宫热河档案》第 7 册，第 267 页。

⑬《清宫热河档案》第 7 册，第 267 页。

⑭ 乔治·斯当东著：《英使谒见乾隆纪实》，叶笃义译，上海书店出版社 1997 年版。

⑮《清宫内务府造办处档案总汇》第 30 册，第 443 页。

⑯《清宫内务府造办处档案总汇》第 20 册，第 401 页。

⑰《清宫内务府造办处档案总汇》第 50 册，第 570—572 页。

避暑山庄典藏钟表

铜镀金花架表

清乾隆　广州

　　通高 63.5 厘米，底座长 32 厘米、宽 27.5 厘米。钟体为铜镀金材质，花架支托为花枝形状，通体镂空缠枝莲纹，镶嵌各色料石，造型玲珑秀美。紫檀木束腰底座，嵌铜镀金装饰。顶部为圆形表盘，四周缠绕花卉，尖顶为盛开的莲花。此钟表避暑山庄博物馆珍藏有一对。

通高 99.5 厘米，底座长 63 厘米、宽 48.5 厘米。此钟为典型的英国制造，彰显欧式田园风情。紫檀雕西番莲纹承托底座，钟体分为乐箱、平台、计时器三部分，分别负责音乐、演示、计时功能。乐箱为铜镀金长方体，正面开光，设计为欧式古典布景舞台，舞台两侧各饰有四五根水法柱，中央点缀花朵。四角垒石为架，架上托一平台，绿绒铺地，旁有棕榈树两棵，树下分立西洋持鸟人、持鹰人各一。平台正中为一手举系球长杆戏狮的象牙雕刻驯兽人，身后立一高台，分为两层，下层内有玻璃圆轴西洋风景画水法，上层有跑船转动布景。高台上方为一对大象身驮圆形双面钟盘，为白色大

铜镀金洋人耍狮子自鸣钟
18 世纪　英国伦敦

明火珐琅盘，盘内环周镶嵌红白相间的琉璃半宝石，盘外环以铜铸花鸟装饰，顶为宝瓶插花，有钥匙两把。表盘正中为秒针，上方为走时盘，下方左右分设阳历、阴历计日表盘。

机器启动后，底层和高台内水法旋转，人物活动，船只航行；持鸟人、持鹰人随之转动；驯兽人举杆，狮头左右摆动。此钟精妙之处在于机械部分为两个独立系统——计时、表演。每当音乐响起，表演开始；音乐停止，所有的表演动作也随之结束。此钟为 18 世纪伦敦著名钟表师约翰·维尔（John Vale）所造。

铜镀金砗磲玻璃盆景音乐表

18 世纪　英国伦敦

通高 72 厘米，底座长 38 厘米、宽 38 厘米。钟体分三层，底部为方形砗磲座，四周嵌料石和砗磲，装饰四组鎏金花叶。中部为异兽驮乐箱，四只鎏金异兽跪伏于底座之上，驮起花盆形的砗磲乐箱，乐箱四面开光，遍布鎏金花卉纹饰，内为欧洲田园风景人物画。顶部正中坐有一西洋幼童，四角有异兽，幼童正抬头仰视手中所持花束，花束中落有蜻蜓、蝴蝶。小表嵌在最大的一朵花芯中，由表盘上的上链孔上弦，钟面为罗马数字时标，指针为路易花针。盆景置红绒面木托方形座上，两侧有精巧提环，配钥匙两把。

机芯上弦后，花朵旋转，蜻蜓、蝴蝶微微颤动，画中人物、牛羊随音乐而行，颇为有趣。由詹姆斯·考克斯（James Cox）制造。

铜镀金四鹿时鸣钟

18世纪　英国

　　通高85厘米，底座长50厘米、宽41厘米。此钟为铜镀金材质，钟体由四头鹿托起，鹿背驮转花。钟体分三层，底层正面开布景窗口，内有象征河流的水法和天鹅。上弦后，乐声响起，水法旋转，天鹅游动，犹如在水中嬉戏一般。背面为人物骑兽，两侧有旗帜、火焰、盾牌等装饰。中层正面开光，内绘西洋画。四角装饰人面兽身托花枝像，两侧各有一尾立鱼托转人。上层有多种动物，四角有转花，中间为变形花枝托圆形表盘，嵌料石。顶端装饰瓶花。

通高 83 厘米，底座长 38 厘米、宽 28.5 厘米。以铜镀金变形花叶为支脚，底座为扁方形乐箱，圆形表盘嵌于正中，口沿由黄、绿两色料石作为装饰，四周背衬嵌光芒状彩色料石。四委角处有头顶羊角的西洋男子头像，头像下为铜镀金镂空雕花。乐箱上方跪有三个敲钟碗少年，每人手中持两个小钟锤敲打钟碗，钟碗被镂空转花遮掩。少年背后有一组屏风，为铜镀金藤蔓，中央为一组彩色料石镶嵌而成的花纹。顶端有一组镶嵌红白料石的皮球花，有钥匙一把。

机关启动后，少年按时敲击钟碗，由于钟碗的高低音阶不同，可奏出美妙动听的乐曲。顶端圆盘内，七朵小花围绕中心花朵转动的同时自转，形似皮球。钟碗前金色镂空花亦随之转动。令人眼花缭乱的转花伴随着乐声，呈现的表演十分精彩。

铜镀金三人自鸣钟

18 世纪　英国

铜镀金龙马吐水洋人打钟

18 世纪　英国

　　通高 92 厘米，底座长 58.5 厘米、宽 51 厘米，重 25 千克。钟体是铜镀金质，由四部分组成，底部为变形花叶四支脚及长方内凹弧形座，内有三个抽屉，以彩色料石花（现已脱落）为屉钮，可收纳小物件，四角饰以飞龙。中下层为乐箱，正面绘欧洲田园风景人物，两侧饰水法。中上层从里到外分三层，中间券口方亭内有缠绕料石花带的一组水法柱；水法柱外圈跪伏四只卧驼，背上骑有手持金盆的西洋少年；外层正面及两侧各立两位打钟碗奏乐人，四角饰以彩色料石花束。顶部为嵌料石表盘，瓶花做顶，四角有驯马人各牵一龙马，龙马口衔水法作吐水状。表盘为四针时盘，有时针、分针、秒针和日历针。

　　机关开动后，中下层乐箱内人物、各层水法、顶花转动，营造瀑布流水等景象，美观而有趣。

通高 34.5 厘米，长 18 厘米、宽 13.5 厘米。此钟下方为铜镀金弧形四高支架，支架上嵌银质花朵和红色料石。钟体正面圆形表盘中间为西洋人物的装饰图案：一位西洋男士弹琴，两位优雅的女士聆听，在悠扬的音乐声中，画中人忘我而陶醉。外圈镶嵌白地黑色阿拉伯／罗马数字时标珐琅盘，两侧有提环状花叶及粉底银质镂空花卉装饰。顶端为一株花草装饰。表后盖为透明玻璃，机芯上可看到三套动力发条，内可见花体英文"Stephen Rimbault"（斯蒂芬·兰博）、"London"（伦敦）的字样，雕有卷草图案。此钟表优美的造型、栩栩如生的画面、悦耳的铃声，给人以美的享受。

斯蒂芬·兰博是著名的胡格诺派钟表匠，1744—1788 年从事钟表制作，具有音乐天赋，擅长制作曲调优美的音乐座钟。他曾聘请著名画家约翰·佐法尼（Johann Zoffany，1733—1810）为其制作钟表绘画。此钟的珐琅表盘图案亦有可能出自佐法尼之手。

铜镀金西洋人物画自鸣钟

18 世纪　英国伦敦

玳瑁饰银花自鸣钟

18 世纪　英国伦敦

　　通高 38 厘米，底座长 12.5 厘米、宽 19 厘米。整体仿西洋教堂建筑形式，钟体为木质，满贴玳瑁片，多处嵌银花装饰，四足、边角及两侧有嵌银花装饰。顶部有蓝色杯形顶帽。中部为双面拱形玻璃门罩，内为圆形大明火二针表盘，内外圈标以罗马数字和阿拉伯数字，字体低扁华丽，四周嵌银质烧蓝珐琅花卉。表盘的冷色调与外部玳瑁的红色形成了鲜明对比。下部支脚为饰有卷草花卉的兽足，增添厚重感。此钟表为英国伦敦著名钟表师汤姆林（Tomlin）制造。

铜镀金异兽葵花形玻璃镜表

18 世纪　法国

通高 41.5 厘米，底座长 23.5 厘米、宽 23 厘米。铜镀金四花叶形支脚，红绒托座，钟体分为底、中、顶三部分。底部为双层底座，一层为长方内凹弧形绿绒底座，正中有一抽屉，外设铜镀金四瓣花卉，下衬粉色布纸，装有望远镜、眉笔、妆刀、镊子等器物，极其精巧；二层以四只犀牛为足，背负方形底座，四足间有花带相连，底座遍覆铜镀金花饰，缀以彩色料石。中部为花觚形宝瓶，上覆不同形态的叶纹，细腻灵巧，瓶身两侧各盘绕一四足异兽。顶部葵花形表盘周围饰以金色缠枝花纹，镶嵌彩色料石，中间嵌一圆形双针小表，写有"Gudin"（古丁）和"PARIS"（巴黎），采用罗马/阿拉伯数字时标，路易十六指针，二时处有上链孔，表后为玻璃容镜，镜周装饰十二瓣葵花及一圈红色料石，覆有花叶纹饰。此钟表避暑山庄博物馆珍藏有一对。

通高 73.5 厘米，底座长 40 厘米、宽 30.5 厘米。此钟为三套机芯，分别为走时、打点、打乐系统。整体造型为西洋楼阁式，乌木框架，上嵌铜镀金装饰。顶部方形平台围一圈铜镀金镂空围栏，上竖一铜质火焰形顶帽。中部木质楼体，饰铜镀金镂空开窗、提梁及包边等。正反两面玻璃门可开合，前面正中为大明火珐琅质两针表盘，内外圈分别标以罗马数字、阿拉伯数字，表盘左下、右下各有一小针盘，为止闹、音乐换套开关。表盘上部有两层铜版画，绘有人物、建筑、花卉等，前景与背景之间有跑人。中、下部以枭面起边线过渡，承接和谐，下部以植物形外卷足作为支脚，造型类似"三弯腿"，刚劲而不失秀美。

铜鎏金乌木自鸣钟

18 世纪　英国

嵌白石座自鸣钟

18 世纪　法国

　　通高 72 厘米，底座长 49 厘米、宽 28.5 厘米，最宽处为 32 厘米。此钟表为里拉琴造型，底座为束腰椭圆白石座，底座周围满饰铜镀金珠串、橡树叶、花环；白石座上嵌两支粗壮的三弯枝叶，枝叶上挂有花叶葡萄垂带。顶部为太阳神阿波罗头像，带有铜镀金背芒，头像下有一横枨，挂时、分、秒三针时钟，白珐琅钟盘，四时和八时处有上弦孔，有钥匙两把。里拉琴造型在路易十六风格的艺术品中经常出现。

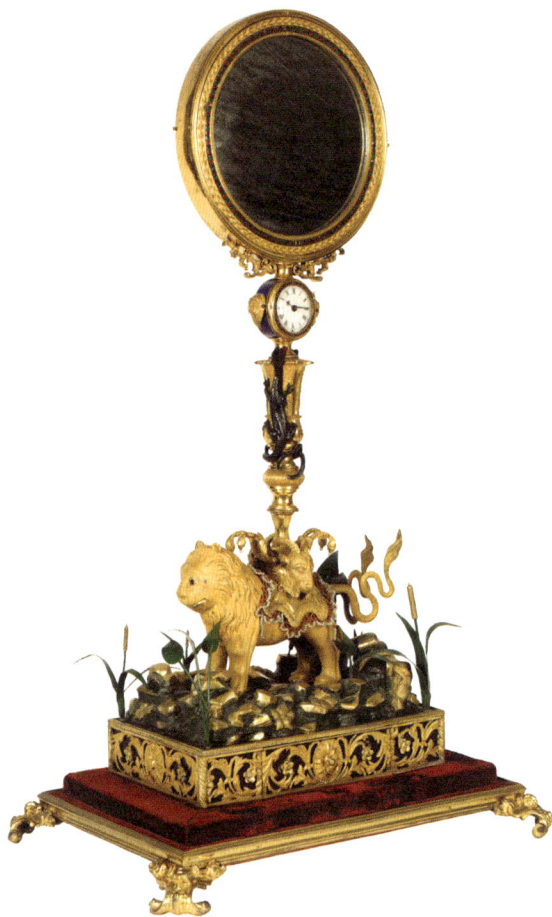

铜镀金山石异兽玻璃镜表

18 世纪　英国

　　通高 61 厘米，底座长 36 厘米、宽 25.5 厘米。红绒面双层长方体底座，四足造型为铜镀金变形花叶。钟体下方为铜质镂空长方箱体饰西洋花叶，底座上方为山石、草叶，山石中立一双尾异兽，兽背上附背垫，四角缀珍珠、珊瑚串饰。异兽背驮双羊头和圣杯支架，柱中部伏爬两只四足双尾异兽，形似壁虎，头朝上做张嘴状。柱上方为圆形小表盘，表盘背面绘西洋年轻女子侧面像。两侧饰兽头，顶端为圆形玻璃镜，镜背面为西洋风景人物画。此钟表避暑山庄博物馆珍藏有一对。

乌木嵌铜双人自鸣钟

18 世纪　英国伦敦

通高 72 厘米，底座长 38.5 厘米、宽 27 厘米。表盘上有制造者名字的花体英文"John Taylor"（约翰·泰勒）和地点"LONDON"（伦敦）。整体造型为西洋楼阁式，乌木框架，上嵌铜镀金西洋花草，变形花叶四足。正面玻璃门可开合，正中为金属质两针表盘，中心彩绘西洋人物画，上有时圈和分圈，分别以罗马数字和阿拉伯数字标识。盘间有三个上发条的钥匙孔，分走时、报时、奏乐三套系统，称三套钟。表盘下方左右各有一小盘，左为乐曲止打盘，右为调换乐曲盘。表盘上方有欧洲风光漆画，景前有城堡、士兵、羊群和牧人。机械开启后，奏响和谐优美乐曲，士兵随音乐行进。钟上部为盝顶，顶端四角饰花形立柱，中间为四柱方亭，亭中立有两个姿态相同的西洋人物。此钟表避暑山庄博物馆珍藏有一对。

铜镀金山石鹤兽表

18 世纪　英国

　　通高 46 厘米，底座长 26 厘米、宽 26 厘米。通体铜镀金。变形花叶为四足，四周雕西洋缠枝花卉。红绒面座上雕塑山石，内以镜面为水池，岸四周雕仙鹤、孔雀、羊、狗、绿植等。通过山石中四根卷曲的藤蔓托起表盘，有罗马、阿拉伯数字两种计时刻度，表盘后盖内机芯有阿拉伯数字"1"到"6"的刻度，与数字"1"平行刻有英文单词"slower"，与数字"6"平行刻有英文单词"faster"，为用来调整表走时快慢的标识。表盘两侧各有一只羊头及佩带装饰。表盘顶部两侧有对称西洋人头像，以头像作为支撑托起一小几案，几案上置高足圆杯，两侧各有两条互相缠绕的蛇作为圆杯双把柄。有走时、打乐两套系统。整体造型新颖奇特、别致有趣，装饰中西合璧，极具观赏性。此钟表避暑山庄博物馆珍藏有一对。

铜镀金异兽表

18 世纪　英国伦敦

通高 28 厘米，底座长 17 厘米、宽 11.5 厘米。通体铜镀金。变形兽面为四足，红绒面底座上为镂空长方体支架，支架呈不规则刻面肌理，上立一牛形异兽，呈行走状，一足高抬，兽背托圆形表盘。表盘上有时、分、秒针三个小指示盘，中间长针指示时刻。后盖为透明玻璃，内可见机芯，装饰镂空卷草图案，外圈刻有英文标识"James Tregent Leicester Square London 2664"（詹姆斯·特雷金特　伦敦莱斯特广场 2664）。此钟表避暑山庄博物馆珍藏有一对。

铜鎏金椭圆形表

18 世纪　英国

　　高 32 厘米，底座长 18.5 厘米、宽 16 厘米。双层圆形底座，底座下方为铜鎏金四鸟爪抓球足，座面附红绒。三弯曲支架托椭圆形表盘，嵌红白相间料石，表盘周边为墨绿色，饰光芒纹。表盘外侧雕有飘带卷火炬纹饰。表盘背面上方从左到右等距离刻有阿拉伯数字"1"到"9"，左边刻英文"FASTER"（快），右边刻英文"SLOWER"（慢）。此钟表线条明快，造型简洁大方。此钟表避暑山庄博物馆珍藏有一对。

铜镀金漆地自鸣钟

18 世纪　法国

通高 51 厘米，底座长 24 厘米、宽 13 厘米。木质钟壳，上鬃黑漆，漆地上彩绘红、粉色花朵与青叶暗纹。顶为鬶形杯状，曲线运用灵活，钟身边框、边角处包镶铜镀金茛叶纹和涡卷纹。正中为白色大明火珐琅圆形表盘，嵌路易十五指针，与简洁疏朗的盘面形成鲜明的对比，阿拉伯 / 罗马数字时标，四时和八时处有上链孔。表盘外罩玻璃蒙子，造型圆鼓饱满，与整体风格搭配和谐。两侧开长拱窗，铜镀金镂空菱形花纹，下衬粉色布料，使外观华巧，兼具扩散声音的实际功能。背面开门，钟碗处开窗，同样可以起到扩散声音的作用。底部开小窗，上覆玻璃，可观钟摆，极富意趣。其下四足，向内弯曲，向外膨出，造型显得刚劲有力。

正面表盘上刻有 "HENRY PADEVAL"（亨利·帕德瓦尔）及 "PARIS"（巴黎）字样，为 18 世纪法国著名钟表师亨利·帕德瓦尔所制，整体造型华贵典雅，是不可多得的洛可可风格代表精品。

通高 96.5 厘米，底座长 40.5 厘米、宽 40.5 厘米。此钟为四面钟。整体造型为西洋楼阁式，木质框架，镶嵌铜饰件。钟体分为上下两部分。上部为亭式风格，六根铜镀金罗马式圆柱撑起半圆形玻璃顶，顶上为金色顶帽和卷草装饰，亭内圆形平台上装饰花草，有四根粗水法柱，其中一根贯穿至顶端，亭下为西洋风格的镂空围栏。下方的铜镀金卷草镂空装饰，内衬粉色布料，以承接下部木楼。

木楼四角装饰四个奖杯形侧顶帽，与多数宫廷藏古钟表的装饰风格类似。木楼四棱安设铜镀金西洋女神边饰，属西方洛可可风格。木楼四面玻璃门可开合，各有一白色大明火珐琅表盘，表盘周围有多层西洋人物、花卉、风景铜版画，浮雕式的设计显得更加厚重、丰富。画面正

铜鎏金乌木框水法自鸣钟

18 世纪　英国

中有芝麻链跑人。正面表盘开有三孔，分别为走时、报时、奏乐三套系统，中间一孔下有 "LONDON"（伦敦）字样。木楼底部以内卷涡型足脚作为支撑，显得刚劲有力，同时配以洛可可式的垂悬花饰与乐器装饰，避免了头重脚轻的观感，使得整台钟表在外观上更加稳定、和谐。

机械开启后，水法转动，如瀑布倾泻而下，乐停即止。此钟表避暑山庄博物馆珍藏有一对。

铜镀金座钟

18 世纪　英国伦敦

　　通高 44 厘米，底座长 28 厘米、宽 22 厘米。钟体为铜镀金质，西洋楼阁式，正面有一大两小三个表盘，左上方为音乐盘，刻有英文"STRIKE"表示起奏，"SILENT"表示止乐，"CHIME"表示有音阶的乐钟。右上方为阳历月盘。音乐盘和阳历月盘下方是计时表盘，表盘采用罗马 / 阿拉伯数字刻度。由英国著名钟表师巴伯特（Barbot）制造。

通高 63 厘米，底座长 31 厘米、宽 28.5 厘米。整体造型为仿阿拉伯风格的塔式多层建筑，主体为铜鎏金材质，外面罩以银版透雕錾花装饰。在顶端和各层尖端，装饰有华丽的料石花卉。钟体由四头大象驮起，立于红绒面底座之上。钟体分三层，下层正面为圆形表盘，盘上写有花体英文"Geo Pyke"（杰奥·派克）和"London"（伦敦）。两侧为西洋玻璃风景画，背面为一圆形玻璃镜。中层廊柱之内为一圈彩绘人物，两人一组，共 11 组、22 人。人物朝同一方向，或骑马，或步行，或持兵器、乐器，衣饰为阿拉伯风格。当时钟运转到整点时刻，人物即在钟内动力推动下绕塔楼旋转。钟内音乐共有 8 套，可用手柄调换乐曲曲目。上层为八角亭，四周装饰转花，顶部为穹隆尖顶。由杰奥·派克制造。

铜鎏金四象塔式自鸣钟

18 世纪　英国伦敦

铜鎏金乌木框洋人打钟

18 世纪　英国

　　高 72 厘米，底座长 38 厘米、宽 20.5 厘米。整体造型为西洋楼阁式，乌木框架，上嵌铜镀金装饰。上部为亭式风格，亭中有一铜人打钟。下部正面玻璃门可开合，正中为金属质两针表盘，表盘左下、右下各有一小针盘，为止闹、音乐换套开关。表盘上方有两层铜版画，绘有人物、建筑、花卉等，前景与背景之间有跑人。此钟表避暑山庄博物馆珍藏有一对。

通高 64 厘米，底座长 37 厘米、宽 26.5 厘米。整体为铜鎏金质，配有素面长方束腰木座。嵌金星石盝形底座，上立一圆雕山羊，羊腹有料石花两朵，为开关及选曲枢纽。钟体为钟塔形，分为三层，下层为玻璃开光，内置各式转花、西洋风景画及跑人、银花立柱。中层为盝形金星石，边镶鎏金纹饰，四角分置金瓶，内插各色料石花蝶。上层为象驮表盘，两侧各有一西洋幼童，正面表盘上刻有英文"JA. COX"（詹·考克斯）、"LONDON"（伦敦），背面有一小表盘，表盘上为瓶花装饰。此钟表避暑山庄博物馆珍藏有一对。

考克斯以金匠起家，从 18 世纪 60 年代开始进行钟表制造。1760—1765 年，他曾创造了一座以气压升降调节钟弦松紧的水银瓶气压钟，被誉为"永衡运行钟"。1766 年，他承造了两只献给中国乾隆皇帝的自动机

铜鎏金山羊表

18 世纪　英国伦敦

械玩偶钟（目前仅剩一只），这说明当时考克斯的工艺风格甚至被遥远的中国皇室所赏识。1783—1792 年，考克斯父子在广州设立公司，制作销售英国和瑞士钟表。这些精美钟表的表盘上都署有"James Cox"（詹姆斯·考克斯）的名字，在钟体或钥匙上刻有制作年代。为了迎合当时中国市场的需求，考克斯制作的钟表往往大量采用东方元素，比如仙鹤、鹿、象等象征吉祥的动物，镶嵌以珍珠、宝石，又饰以镀金和彩绘，风格富贵华丽。

铜鎏金犀牛表

18 世纪　英国伦敦

通高 41 厘米，底座长 31.5 厘米、宽 23.5 厘米。红色天鹅绒底座，铜鎏金四卷草式雕花托脚，两侧有提环，整体为铜鎏金质地。底座上立一犀牛，牛腹处有花朵状机关，牛背驮装饰华贵的葫芦状钟表箱。箱分两层，下层为一大七小嵌料石轮状转花。上层为双面小表，白瓷表盘。正面表盘三时和九时处有上链孔，有走时、打点两种功能；背面表盘上刻有"JA. COX　LONDON"（詹·考克斯　伦敦）的标识。四角饰料石花瓶，瓶内插料石花蝶。钟表箱顶饰一宝瓶，插有飞鸟料石花束。钟体侧面为可拆卸铜鎏金镂空窗，内贴粉色装饰衬布。

机关上弦后，乐声响起，转花旋转。此钟表避暑山庄博物馆珍藏有一对。由詹姆斯·考克斯制造。

铜鎏金紫檀边框玻璃自鸣钟

18 世纪　英国伦敦

　　通高 57 厘米，底座长 32.5 厘米、宽 20 厘米，重量 11830 克。紫檀框架，镶嵌铜鎏金饰件，钟塔形制。上方紫檀透雕螭龙纹嵌鎏金宝珠顶，下方刻有中国特色的蝠纹、如意、庆字屋檐。四角为铜鎏金瓶花立柱，有钥匙一把。正面玻璃卷门，四围嵌料石。表盘上方有半圆形日月星辰图案，通过发条的动力和齿轮的转动使太阳、月亮交替出现。表盘上方刻有花体英文"James Smith"（詹姆斯·史密斯）、"London"（伦敦）字样，正面表盘三时和九时处有上链孔，有走时、打点两种功能。表盘外圈白底部分绘有蓝色卷草纹及黑色阿拉伯 / 罗马数字时标。钟体左右两侧各有一站立神像，透雕花草文开窗。表后盖为透明玻璃，可见走时机芯。此款钟表既是实用的计时工具，又是一件饱含吉祥寓意的精湛工艺品。

铜鎏金自鸣钟

18 世纪　英国

　　通高 65.5 厘米，底座长 40 厘米、宽 33 厘米。铜鎏金外壳，紫檀木底座，造型似辇。钟正面为圆形表盘，表盘外缘嵌红、白、绿料石。表盘正下方为开窗风景山水画布景舞台，舞台底部、右侧装饰水法。钟体背部有镂空连珠花棱装饰窗框，两侧镂雕缠枝雏菊。表盘上方四角装饰同等大小圣杯立柱四个，四面各有一朵浮雕雏菊。顶端置一圣杯。

　　钟表后盖内有走时、打点、打乐三套系统。上弦启动后，打时准确，音乐清脆动听，开窗风景画内船只游动，兼具娱乐性和观赏性。

铜鎏金花边镜表

18 世纪　英国

通高 89.5 厘米，宽 48.5 厘米，重 9490 克。主体为铜鎏金长方形玻璃挂镜，镜框环绕巴洛克风格缠枝花果，点缀各色料石花朵，镜框上雕饰一朵盛开的菊花，周边延展出对称的卷叶和小花，设计端庄中不失灵巧，既有中国传统的中庸之美，又兼具西方古典主义的优雅，极富意趣，引人入胜。镜框上部正中为圆盘二针小表，上部有走秒小盘，表口圈镶白色料石，盘面置半圆形玻璃蒙子。挂镜背面为绒面衬。一套走时机芯，功能简单。机芯下方有花体英文"Martin"（马丁）、"London 808"（伦敦 808）等字样。

此钟表避暑山庄博物馆收藏有一对。镜身大，镜面平整，照容毫不失真。小表计时，又有装饰作用，体现了英国钟表样式多变，实用美观的特点。

铜镀金镶银骑象人梳妆表

18 世纪 英国

通高 37.7 厘米，底座长 23 厘米、宽 20.5 厘米，以变形兽头为四足承其底座。钟体为塔楼形，共分三层，底层为八棱形乐盒，盒壁包镶纯银镂空贵族人像，八角挂铜铃，四面装饰西洋人物支脚。中层正中为八棱形的镀金规矩箱，四角分由骑象人驮起，箱体正中有钻石装饰的按钮，按钮下镂刻淑女，正面两象之间坐有一位绅士。规矩箱内有玻璃香水瓶、剪刀、眉钳、耳挖等 14 件梳妆用具。尖顶立一翼龙，四角饰人物，中间连接两针瓶式表，钟面为罗马／阿拉伯数字时标，指针为路易花针。表后盖为透明玻璃，可见走时机芯。此钟表避暑山庄博物馆珍藏有一对，集实用、装饰功能于一身，堪称艺术珍品。

白石座自鸣钟

19 世纪　法国巴黎

　　通高 39.5 厘米，底座长 25 厘米、宽 12.5 厘米。钟体为西洋楼阁式，白色理石质地，顶部及底座边沿包镶铜镀金，并有花叶装饰。此钟为一套走时机芯。正中大圆形表盘，阿拉伯数字时标，盘心处镂空，可见走时机芯，正面上弦。钟体正面四角嵌铜花扣，两侧饰西洋人物头像。机芯背夹板有制造公司徽章标记及"FARCOT B TE"（法尔科 B TE）、"S.G.D.G."、"PARIS"（巴黎）等字样，机芯编号 41202。此钟表为法国著名钟表制造商法尔科制造。

　　法尔科（1830—1896 年）是 19 世纪最著名的锥形钟摆和"巧妙的神秘钟"制造者，也是许多领域的先驱工程师。他的作品多次在巴黎国际博览会获奖，在他的出生地还建有法尔科博物馆。

铜鎏金乌木双面自鸣钟

18 世纪　英国

通高 75 厘米，底座长 40 厘米、宽 29 厘米。此钟为两面钟，整体造型为西洋楼阁式，木质框架，镶嵌铜饰件。上部屋顶四周及主体两侧有镂空窗格作为装饰，窗内衬布为淡粉色，框架为深色，装饰为金色，搭配显得精致典雅。主体前后双开门，且装饰对称，四周棱角饰有狮子和雄鹿的兽头以及花卉纹样的铜鎏金浮雕，正面和侧面底部的铜鎏金浮雕为描述胜利女神的代表性装饰物。木楼正反两面各有一珐琅表盘，表盘周围有铜镀金浮雕装饰。表盘上方有西洋风景铜版画，画面正中有芝麻链跑人。楼体由带有卷草纹样的铜鎏金支脚托起。正面表盘开有三孔，分别为走时、报时、奏乐三套系统。

铜镀金狮子表

18 世纪　英国

　　高 32 厘米，底座长 27 厘米、宽 16 厘米。通体铜镀金。变形花叶四足，长方体红绒面托座，上立雄狮。雄狮背垫周边装饰珊瑚、珍珠串饰，狮背上两叶花枝托起圆形表盘，二针时钟，内圈罗马数字，外圈阿拉伯数字标识刻度，周围装饰一圈红色料石。表盘上方顶一朵盛开的莲花，花口衔嵌料石花枝，机芯上刻英文"WY Lammond 2534 London"（拉蒙德2534 伦敦）。

　　在西方文化中，狮子是勇猛、高贵的象征。立狮毛发卷曲，刻画细致，面部表情不怒自威，极富神韵。此钟表避暑山庄博物馆珍藏有一对。

铜鎏金海兽玻璃镜表

18 世纪　英国

　　高 114 厘米，底座长 50 厘米、宽 37 厘米。通体铜鎏金。变形花叶四足浮雕花卉，束腰底座上镂雕各色料石缠枝花卉围栏，底座四面开窗，窗内绘有欧洲田园风光画。底座上为铜鎏金山石支座，内饰镜面水池、多只鸭子、水法。支座上立一只脚踏海水形似麒麟的异兽，背驮圆形表，表外两侧装饰高浮雕立体花卉，表盘计时刻度为阿拉伯／罗马数字。表盘上置椭圆内弧水银玻璃镜，背面为西洋风景画，外缘一周镂雕各色料石缠枝花卉。

　　机关启动后，音乐悦耳优美，开窗画中走人欢快地起舞，小鸭在池中绕游嬉戏，水法宛如瀑布流动。整体设计精巧，功能奇特，令人叹为观止。此钟表避暑山庄博物馆珍藏有一对。

铜鎏金乌木框自鸣钟

18世纪　英国

通高52厘米，底座长33.8厘米、宽22.5厘米。整体造型为西洋楼阁式，方正规矩，端庄挺秀。乌木框架，上嵌铜镀金洛可可风装饰。顶部正中有装饰用铜镀金提梁，延续了明清家具的风趣特色。顶部四角立四只铜镀金侧顶帽，造型源于广式钟表的菠萝花，而英国、法国钟表常以奖杯状、火炬状的形象体现。由此可见，此钟不仅体现18世纪英国造钟风格的审美取向，更显现出本土文化与西洋文化的相互交融。

此钟正面、背面玻璃门均可开合，正中为金属质两针表盘，表盘上方有四个身穿华服的西洋人物手持乐器，表盘有时圈和分圈，以罗马数字和阿拉伯数字标识。盘面刻有英文"Stephen Rimbault"（斯蒂芬·兰博），经查阅资料，此人是一位胡格诺派血统的著名钟表制作者，他极负盛名的作品是"12调的荷兰人"（可换12首音乐的钟表）。此钟钟盘上的油画很有可能为斯蒂芬·兰博曾向其伸出援手的知名画家约翰·佐法尼（Johann Zoffany）所绘制。盘间有三个上发条的钥匙孔，分走时、报时、奏乐三套系统，为三套钟。

铜镀金鸟笼式八音表

18 世纪　瑞士

残高 43 厘米，长 41 厘米，宽 28 厘米。长方倭角形底座，圆形表盘嵌于底座正面中部，周围以花叶、蝴蝶结装饰。上部为铜镀金丝编织鸟笼，鸟笼内部构造及上部装饰挂钩缺失。

提笼架鸟是清代社会的娱乐方式之一，"下至顽童贫士，上至缙绅富户，无不手架一鸟，徜徉街市，可谓举国若狂"。为迎合这种风尚，欧洲钟表制造商向中国输入了鸟笼形钟表，成为宫廷中新奇的陈设品。

第三章

古钟表联合修复室的修复合作

第一节

古钟表联合修复室的建立

2019 年 5 月，故宫博物院与避暑山庄博物馆签订协议，在文物分析与保护、传统修复技艺研究、科研课题申报、人员培训与交流等方面展开全面合作。双方协商后达成共识，决定先期成立"古钟表联合修复室"，启动对避暑山庄典藏钟表的修复与研究，之后逐步开展其他门类文物的保护性修复合作。2020 年 9 月，"古钟表联合修复室"正式挂牌。

为了更好地促进合作，双方合作伊始就制定了详细的修复培养计划，并迅速投入实施。计划共分三个阶段进行：

第一，2019 年，避暑山庄博物馆邀请故宫博物院文保科技部钟表修复人员来馆里进行现场的业务培训与交流，同时挑选 4 件有代表性的避暑山庄典藏钟表：铜镀金洋人耍狮子自鸣钟（BC67）、乌木嵌铜双人自鸣钟（BC141）、铜鎏金乌木框自鸣钟（BC142）、铜镀金龙马吐水洋人打钟（BC72）进行修复养护。

第二，2020 年，双方合作完成 7 件避暑山庄典藏钟表的修复养护，包括：铜鎏金乌木双面自鸣钟（BC120）、铜鎏金乌木框洋人打钟（BC121）、铜鎏金犀牛表（BC136）、铜鎏金乌木自鸣钟（BC147）、玳瑁饰银花自鸣钟（BC108）、铜镀金三人自鸣钟（BC71）、铜鎏金乌木框水法自鸣钟（BC128）。

第三，2021 年，合作完成 11 件避暑山庄典藏钟表的修复，包括：铜鎏金椭圆形表（BC118）、铜镀金西洋人物画自鸣钟（BC109）、铜鎏金山羊表（BC134）、铜鎏金紫檀边框玻璃自鸣钟（BC140）、铜镀金漆地自鸣钟（BC123）、铜鎏金花边镜表（BC145）、铜镀金异兽葵花形玻璃镜表（BC137）、白石座自鸣钟（BC125）、嵌白石座自鸣钟（BC113）、铜镀金狮子表（BC138）、铜镀金座钟（BC126）。

修复完成后，双方确定在承德联合举办古钟表修复成果展，并开始积极筹备。

第二节

古钟表的合作修复

一

铜镀金三人自鸣钟

此钟（图 1−1）造型优美别致，工艺精湛，各项功能通过两件单独的机芯分别控制，其中前部机芯（图 1−2、图 1−3）负责走时、打点及打刻，后部机芯（图 1−4、图 1−5）主要用于音乐和动力表演。此钟走时除正常指针外，还具备秒针功能。打刻与打点由同一套发条带动完成，其工作规律是：一刻、两刻、三刻分别按照一次、两次、三次完成叮咚打刻；整点按时刻数目打点。此套报时系统，是通过连杆连接到上部中央跪人的钟锤完成的，而上部跪人还有音乐表演的功能。由此可知，此钟的报时系统、音乐系统共享了同一套发声结构，可谓精妙至极。

修复前，先将钟表背板打开，通过观察发现，底部音乐动力机芯位于走时打点机芯后部，通过加长连杆带动顶部转花，同时通过刺滚连杆根据刺滚的乐谱带动三

图 1−1　修复后外观正面

图 1-2　走时打点机芯正面

图 1-3　走时打点机芯背面

图 1-4　音乐动力机芯正面

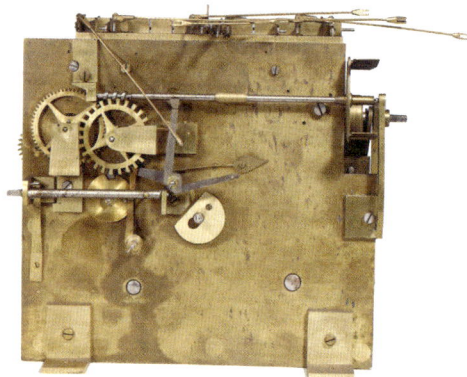

图 1-5　音乐动力机芯背面

个小童左右手敲打钟碗，奏出音乐。

　　将连接顶部的长连杆取下，同时把整个顶部圆形的转花装置取下，随后将三个小童所固定的盖板连同小童一并端起（图1-6），此时可以清晰地看见钟表内部的两个独立机芯，一个是后部的动力音乐机芯，另一个是前部的走时打点机芯。我们先将后部的动力音乐机芯取出，后将前部走时打点机芯也取出，外壳可以立放于桌面之上（图1-7）。

　　由于此钟陈置于库房之中，所以除外观有少量积灰以外，机芯整体较为干净，几无灰尘。之后对机芯进行修复前拍照，将机芯的四面情况记录下来。

　　开始对机芯进行修复保护工作时，首先用小毛刷对机芯进行除尘，使其基本清洁。之后，将机芯发条中的备劲儿放掉：对于打点发条，可将闸杆抬起，则随着机芯的运动，发条内的弹性势能将逐步释放；对于走时发条，可将顶部的游丝拆除，则

图1-6　背板、盖板和顶部转花与三个小童

图1-7　取出两个机芯后的外壳

机芯转动，其发条内的弹性势能也随之逐步放空。上弦的劲儿全部放空之后，还需将两盘发条最后的备劲儿进行卸力，这时，要用钥匙控制好背轮，并使用改锥将千斤螺丝稍稍拧松，抬起千斤，同时慢慢用钥匙控制背轮反向卸力，直到芝麻链全部松弛，手上感觉不到发条的内部力量时，则卸力工作告一段落。两盘发条均需按此方法处理。

发条卸力完成之后，将前面板上的各控制闸杆、齿轮等全部拆卸下来。这些零件大部分是由销子固定，可用小钳子或锤子与冲子将这些销子取下，继而取下所有控制闸杆。注意在取的过程中，要预先了解各闸杆之间的干涉关系是有先后顺序的。取下的销子需按顺序放置，以便安装时按原有顺序复位。对于由螺丝固定的零件，需要在拆卸后，立刻将原螺丝复位，否则可能会因螺丝不敷使用而难以完成安装。拆卸完前后夹板外部的所有零件后，进入下一步骤。

下一步要进行的是揭板工作，即打开机芯夹板，使用小木锤和铜冲子，将夹板的五处长销子冲出，即可抬起前夹板。将内部的所有零件一一取出、放置、拍照。然后使用煤油对零件进行清洗，对于钢质零件，有些闸杆产生了锈蚀，则需要使用钢刷、砂纸，将这些锈蚀全部清理，打磨干净，以保证其不再渗透朽坏零件；对于铜质零件，则需要清除上面的油泥和污迹等，尤其是之前钟油经年形成的油垢，在凝结后，会影响轴孔配合精度，增加摩擦力，从而导致钟表表演或走时不准确。这部分清理工作必须保持细致谨慎的态度。待全部零件在煤油中清洗完毕以后，使用电吹风将零件的煤油全部烘干。之后对零件进行修复中拍照记录，以便了解零件在清理前后的变化。

机芯所有零件清理、拍摄完成以后（图 1-8），需要进行组装调试工作。先将芝麻链缠绕到塔轮上，然后将芝麻链的另一端与发条盒相连接，务必使塔轮、发条盒、芝麻链一一配对，不可混淆。

之后，按照两路发条所配合零件的关系，将所有齿轮按原有顺序摆放在后夹板之上，再将前夹板盖上，是谓合板。在合板过程中，要注意各齿轮轴尖的位置，避免用力不当而折断。这一步骤需要耐心细致地完成，慢慢调试，当各个轴尖全部进入前夹板轴孔后，试推各齿轮，观察其活动情况，如均可灵活活动，则可完成前夹板的合板。在合板完成以后，使用铜冲子及小锤，将四个长销子销入，完成合板工作。

下一步需要安装芝麻链，即备劲儿。这一步骤的目的是将原松弛的芝麻链张紧，使其可以正常上弦。张紧所需蓄积之

图 1-8　走时打点机芯拆解

发条弹性势能，即之前卸力时所卸掉的弹性势能，卸力时背轮所逆向旋转的齿数，即为备劲儿时所应备齿数。按此齿数，并配合千斤备劲儿即可。完成备劲儿，此钟机芯的内部安装调试即告完成。

合板、备劲儿完成以后，需要安装前夹板上各零件。此时，需要按拆卸时的逆向顺序完成安装，其中某些零件上有安装对位符号时，要按符号相应安装。

以上步骤全部完成后，上钟油，完成润滑，即完成了此钟走时打点机芯的全部安装工作。之后，拍照、摄像，进行最后的机芯修复后记录工作。

修复完前部的走时打点机芯后，我们开始拆解后部的动力音乐机芯（图1-9）。通过全部的拆解与清洗，我们发现动力机芯由一套大型发条、链条与塔盘轮组成，通过上劲儿和齿轮连杆，将动力输出给顶部的转花用于运转，同时将动力分与音乐装置，音乐刺滚上的刺钉通过刺滚旋转钩

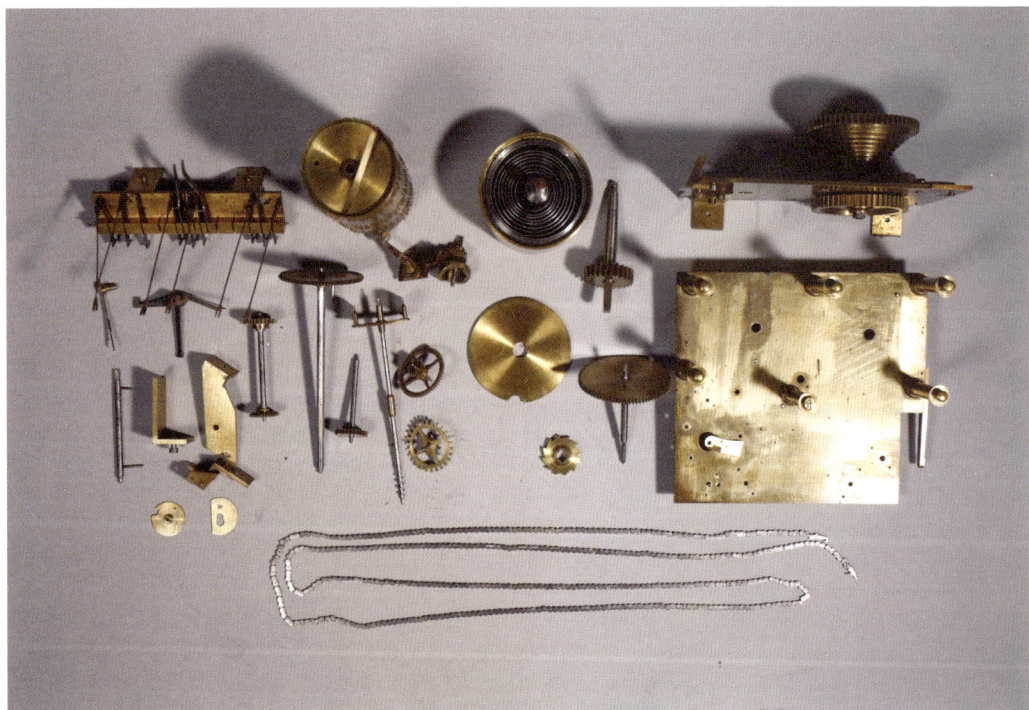

图1-9　音乐动力机芯拆解

动不同连钩，连钩拉起与其相对应的三个小童的左右手，完成小童敲钟的动作，同时钟锤落下敲打钟碗，发出优美的音乐声。

通过修复调试，将音乐动力机芯放回壳体，将三个小童盖板盖上，最后将加长连杆与顶部转花相连接，完成整体修复，恢复其全部运转机能（图1-10）。

图1-10　修复后背面

二

铜镀金洋人耍狮子自鸣钟

此钟上下分为计时、演示和音乐及舞台三部分，走时机芯为圆形两套机芯，安置在铜象背上。负责演示和音乐功能的机芯安置在底部，通过长直摇杆轮联动水法、跑船和顶部转花。

通过外观的整体观察，发现除外观有落灰痕迹外，无明显缺损（图 2-1、图 2-2）。通过检测上弦，发现无足够运转的动力，说明内部机芯有锈蚀及齿和不良的问题。逐一测试，发现走时机芯的联动失效，演示部分的水法柱群有粘连，驯兽人无法自如转动。

拆卸工作从顶层开始，先将外壳和内部机芯完全剥离，从上方孔洞处，可观察到内部所有演示部分传动的关键在狮子脚下的夹板处。走时机芯和底部传动机芯需分别放置，走时机芯的功能相对简单，拆卸步骤为常见操作（图 2-3）。但是，底部传动机芯较为复杂且少见，将底部机芯上满弦，并在齿轮的两个轴眼处上钟油润滑后，发现整体的部件没有缺失及损坏的问题，只略显吃力，这说明经过长时间放置，齿轮间隙处的钟油固化，影响了齿轮间的齿和。（图 2-4）

将拆下后的零件逐一用煤油清洗、干燥后，需逐一检查每件齿轮的轴承及轮

图 2-1　修复前局部（1）

图 2-2　修复前局部（2）

图 2-3　拆卸后零件

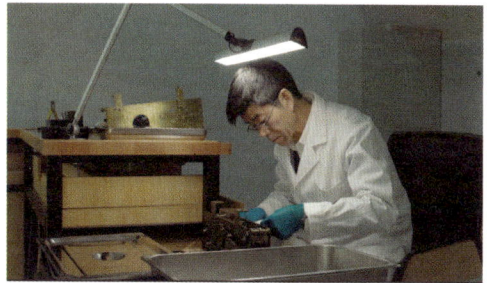

图 2-4　拆卸机芯

片，如有轴尖弯曲，则需根据弯曲的不同程度进行裁尖或修复；如有断齿，则需根据断裂情况进行补齿。

安装顺序需要按照先机芯、后演示的流程进行。需要注意的是，由于此钟底部机芯尺寸与外壳大小相近，可操作空间较小。面板之上的所有演示零件需要单独放置，面板合上后，需要先调试好底部相互配合的演示功能，再逐次安装上层演示设备（图 2-5）。

此钟的修复难点在于，两个机芯分别放置在最底层及顶部，中间还有层层的演示零件需要齿和，调试难度大。而且，中间段的水法围柱转动不顺畅，每一根水法柱顶端和底端的齿轮存在不同程度的锈蚀和僵化，使水法柱重新灵活运转并固定在轨道上耗费了大量精力（图 2-6）。

修复后，钟表应置于常温常湿的环境内，运送时应避免水法部分被外力冲撞，保持四角平衡、直立放置（图 2-7）。

图 2-5　调试过程中

图 2-6　调试水法柱

图 2-7　修复后正面

三

铜鎏金乌木框洋人打钟

此钟有走时、打点、音乐表演、跑人表演等功能。打点功能由一链式传递系统将动力向上输出，拽动敲钟人的胳膊，令敲钟人进行整点报时，故其名为"洋人打钟"（图3-1）。

此钟包含音乐四首，配有跑人表演。此钟大表盘简洁大方，左右两小表盘上的文字不可读，为臆造拉丁字母（图3-2），推测其应是由我国匠人所制，然而其机芯上文字显示机芯产地为英国，由此推知两种情况：其一，大小表盘原为英国所制，后因损坏缺失，故由造办处或广州工匠重新制造；其二，此钟机芯为单独购买，表盘及钟壳等为中国工匠所制。从以上两种情况来看，因现存古钟表中，机芯进口、钟盘国产的情况比较常见，所以，后者的可能性较大。

走时功能由中路发条控制，动力通过齿轮系输出至钟摆及皇冠轮结构，完成摆动计时。打点为整点报时，不具备报刻的功能。通过试上弦，发现此钟走时系统不过齿，打点和音乐表演的运转十分艰涩，可见由于经年未用，其轴孔或机械配合之间产生了油泥，妨碍其正常运转。

修复时，首先将整个钟表机芯取出，机芯通过左右两个铜杆连接至木楼，将其

图3-1　洋人打钟

图3-2　小表盘上的臆造拉丁字母

螺丝松动，可连杆取下。机芯分为向上、向下两个方向：向下方向由两长钉将木楼底座与机芯连接，拧松取下即可；向上方向则通过一芝麻链，连接上部敲钟人手臂，将其间相连的销子取下，即可分离。将整体机芯稍稍后倾，即可完全将机芯从木楼中取出。

　　壳体木楼由两部分构成，下部用于容纳机芯，前后为嵌玻璃的拱形开门，正面拱形玻璃门饰有华丽的金属边框，背面设计简洁，为放置机芯，尺寸比正面略大。木楼左右两侧嵌有镂空雕花金属窗（图3-3），窗内压有粉色衬布；楼体四周楼角饰有铜鎏金雕塑半神像及雕花。木楼四角裁有铜鎏金瓶式柱头。上部为正方形二层台托起的中式风格六角亭楼，亭帽为木质，其他为铜鎏金材质，亭伞为镂空雕花，六柱雕有卷草装饰。亭子中央为手持钟锤的铜鎏金敲钟人，上举敲打亭帽内铜质钟碗。整座木楼由四个铜鎏金欧式卷草的雕脚托起。

　　木楼整体保存完好，并无影响结构支撑的部件缺失，但是由于放置多年，且库存环境条件有限，落灰严重，且铜鎏金部分腐蚀，失去了金属光泽。下部木楼材质属针叶林木，较轻软，外部包有仿红木

图3-3　木楼单侧嵌镂空雕花金属窗

刷漆木皮，略有几处开裂（图 3-4），且留有几处前人修复时回粘过的痕迹（图 3-5）。正面金属边框开门活动完好，背面开门的木框变形扭曲，后门无法关上。镂空装饰窗内的粉色衬布积有较厚的灰尘。上部亭楼稍有左偏，多处连接松动，使亭楼摇晃不稳。

对木楼部分进行拆解与清洗时，需要按照拆卸顺序进行排列摆放，编号，尤其对敲钟人进行清洗时，要注意顺序，并对

零件构造拍照记录（图 3-6）。铜鎏金材质部分的清洗，用洗金水进行清扫式冲洗，后用清水充分洗净，烘干。木楼部分的铜鎏金装饰物，为避免拆卸后钉子无法回钉或松动，故不取下金属镂空装饰物，直接进行清扫除尘，对于严重的锈斑，使用文物用去锈膏进行擦拭除锈（图 3-7）。

对木质部分的清洗，第一步，先用毛刷清扫，除去表面尘土，再用蘸有清水的棉签与棉布轻拭顽固的灰尘污垢，注意

图 3-4　钟楼外部木皮开裂

图 3-5　木楼上人为回粘痕迹

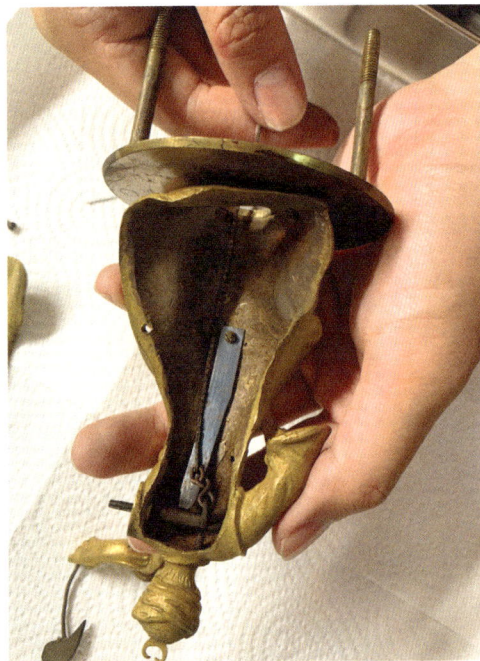

图 3-6　敲钟人内部构造

图 3-7　鎏金件锈斑的擦拭除锈

避开没有拆卸的金属装饰物与合页连接部分，以免生锈。第二步，用传统木工用鳔胶将开裂起翘的木皮进行回粘。

　　木楼后门的变形扭曲问题最为严重，首先，将后门卸下，合页部分的木螺丝钉生锈严重并腐蚀到了木质部分，回安后松动不牢固，因此，取下后要对螺丝钉进行除锈；然后，将钉孔部位的锈渍清除干净，使用鳔胶混合针叶林类同等材质的木粉将钉孔部位填补上，待干燥后，用螺丝钉重新开洞拧进（图 3-8）。与合页接合

的木质部分缺损严重，填补后，其他步骤同前述一致（图 3-9）。

　　接下来需要将变形的木框矫形：先将合页和玻璃取下；然后将木框用棉布打湿，因为吸收水分的木材会增大柔韧性，以免矫形时崩裂，用木工用 F 形夹将木框与水平的大理石矫形，注意木框变形部分反方向贴合大理石板矫正，一点点加压找平（图 3-10）。与大理石板贴合之后，取下湿棉布，将木框保持夹住状态放置使其阴干，一周左右全部干透后，将夹子取

图 3-8　合页钉孔的处理

图 3-9　合页木质部分的处理

下。试安装，确保与门框外部完全吻合，之后可将玻璃与合页全部安装。为保护木质表面并恢复木质的美观，需将木质部分进行烫蜡处理。

关于铜版油画的修复保护工作，只需对沉积的灰尘进行处理，取棉签蘸取含 3% 酒精的蒸馏水，轻轻擦拭油彩表面即可。

对机芯来说，基本的修复步骤为拍摄修前照、拆卸、清洗、烘干、拍摄修中照、安装调试、拍摄修后照。拍摄完修前照后，从机芯背面开始拆卸，依次将钟铃、刺滚子、风旗以及两个连接木楼的铜杆取下。取下后，所有螺丝需放回原位。正面的拆卸从表盘开始，先将表盘外的指针依次取下，之后将紧固表盘的四个长销子全部取下，取下表盘。需要注意的是，表盘连接跑人表演，需留意跑人表演区域的铜版画和跑人所连接的芝麻链。接下来要将三盘发条的劲儿放掉，具体方法为，

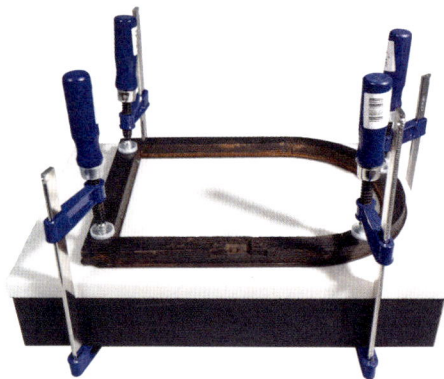

图 3-10   木框矫形

先用改锥松卸三个千斤的螺丝，用大小合适的钥匙控制住背轮，一点点将发条盒内的备劲儿全部放掉，需记住所放齿数，安装调试时按照原有齿数备劲儿。

依次取下机芯正面的全部闸杆，闸杆的功能是保证机芯的运转按原定设计进行，在安装调试时，部分零件需要按照原方向安装，所以凡是有方向或安装符号的零件，拆卸前需仔细观察。固定闸杆的小销子由于销子孔的大小不一，不可混淆。

前面板的所有零件取下后，用小冲子轻轻将五处长销子全部冲出，即可揭开前面板。夹板中的齿轮，需按照其位置和驱动其齿轮系的发条、塔轮、芝麻链以及背轮千斤，放于一路，三路零件互不混淆。

所有零件拆卸完成后，进行修中拍照（图3-11）。

拍摄完成以后，进入清理环节。所有零件泡入煤油，一段时间后使用钢刷和鬃刷对零件的锈蚀及油污部分进行清理。打开发条盒，去除污垢，上油润滑。清理完成后，用吹风机将煤油吹干。图3-12至图3-22为清理后的零件。

清理完毕后，即可对机芯部分进行装配调试工作。首先要进行合板，将所有齿轮按照原位依次摆好，将三路塔轮和发条盒按原位置就位，将上夹板慢慢扣合，注意所有齿轮的轴尖需依次入位，并且运转正常。合板后，要进行备劲儿工作。将三条芝麻链的末端，钩在发条盒的孔上，然后轻轻转动发条盒，将芝麻链缠绕在发条盒上，用钥匙转动背轮轴上劲儿，随着发条力量慢慢释放，原先缠于塔盘轮上的芝麻链会依次缠绕到发条盒上，在缠绕过程中，需用工具调整芝麻链的间隙，保证芝麻链之间的位置，避免上弦时错路。待全部芝麻链缠绕到发条盒上后，用钥匙在背轮上上劲儿，配合千斤完成备劲儿。最后，将千斤上的螺丝拧紧，完成备劲儿工作。注意在备劲儿过程中，要将各路轴孔用钟油润滑，以保证运转顺畅。

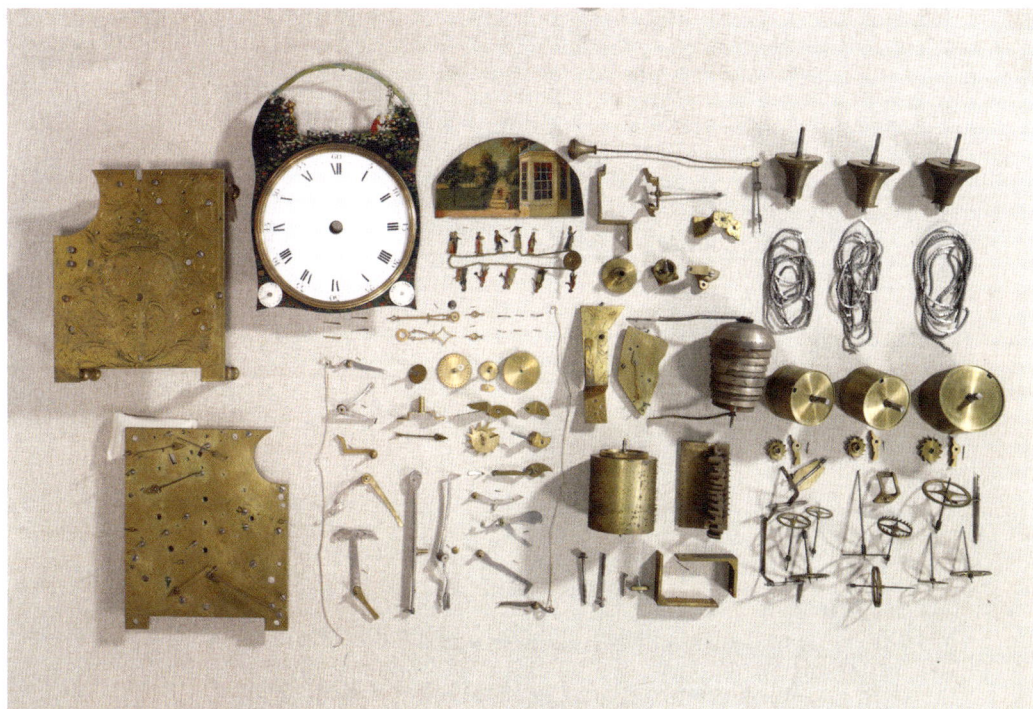

图 3-11　机芯全部零件情况

之后，对前面板上的各个闸杆进行安装。闸杆有着严格的安装顺序，不可一蹴而就。所有前面板上具有安装记号的齿轮，相对应安装才可保证顺利进行打点报时与表演。之后，安装钟摆，检测机芯的走时功能。

安装完成后，则进入试运转阶段。调试完机芯后，再进行安装刺滚子、钟锤等。随后安装前面板及跑人表演部分，逐步调试，直至所有功能完美运转。

将机芯在木楼内就位。机芯与木楼的连杆起关键作用，因为在某些情况下，由于木楼材料的变形，机芯就位后，可能会影响其运转功能，所以在上连杆螺丝时要进行相应调整。之后，安装连接上部人打钟的销子。运转正常后，进行修后拍照（图 3-23）。

图 3-12　夹板

图 3-13　皇冠轮

图 3-14　芝麻链

图 3-15　背轮与千斤

图 3-16　风旗

图 3-17　塔轮

图 3-18　发条盒

图 3-19　刺滚子

图 3-20　钟锤

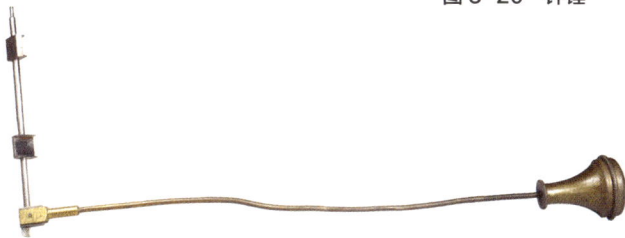

图 3-21　钟表钟摆

图 3-22　时山子

图 3-23　修复后照

四

铜鎏金乌木框水法自鸣钟

此钟内部有三套发条（图4-1）：控制打乐功能的动力发条系统，同时带动钟楼顶部四根水法柱的转动；负责走时的动力发条系统；控制打点报时的动力发条系统。此钟有四首音乐，系统启动后，在乐声的伴奏下，四面钟盘上部的跑马、跑鸭等活计开始运转，生动有趣。

修复前损毁情况如下：顶部铜镀金卷草装饰丢失一个，其余松脱，以细铜丝捆绑（图4-2）。木楼框架变形。此钟走时、打点、打乐功能，以及跑马、跑鸭活计运转失灵。亭内水法柱无法联动。打乐表演的系统链条钩断裂，导致打乐动力无法传输。

图4-1　三套发条

图4-2　圆顶上方装饰

首先对顶部铜镀金卷草装饰进行数字化信息采集，留存资料，以便日后对照补配。其余松脱的装饰依其原本对应的孔洞，回钉牢固。

其次，对框架进行矫正。木楼的形变多是因为木性的不稳定，加之常年外力挤压。修复时，以加热的方式对木楼框架进行了轻微的矫正，具体的方法为：热风枪轻烘后以 F 夹固定，直至其形态回正。此外，常年受冷热干湿的环境影响，木楼会出现干枯、开裂现象，将白色的修复级蜂蜡加热熔化，用蜡汁涂抹楼体，微烘，反复摩擦，至完全被木质吸收。烫蜡后的楼体呈现出莹亮温厚的光泽，与铜镀金装饰相映成趣。

再次，需要让机芯重新运转。钟表常于古建筑之中进行陈列展览，而古建筑无法满足恒温恒湿的要求，加之机芯长时间未能得到妥善保养，致使零部件生锈。此外，机芯轴孔处的润滑油缺失，进一步导致机芯无法正常运转。拆解机芯时（图 4-3），需一边拍照记录一边分析（图 4-4），之后将全钟的机械部件放置于煤油中浸泡，取出后放入超声波清洗机中去除锈迹，最后以手工打磨的方式清除顽锈（图 4-5）。去锈的过程中，需进一步分析是否需要加固及补配。

弯钩受力部分的角度问题，加之后期

图 4-3　将机芯取出木楼

图 4-4　机芯

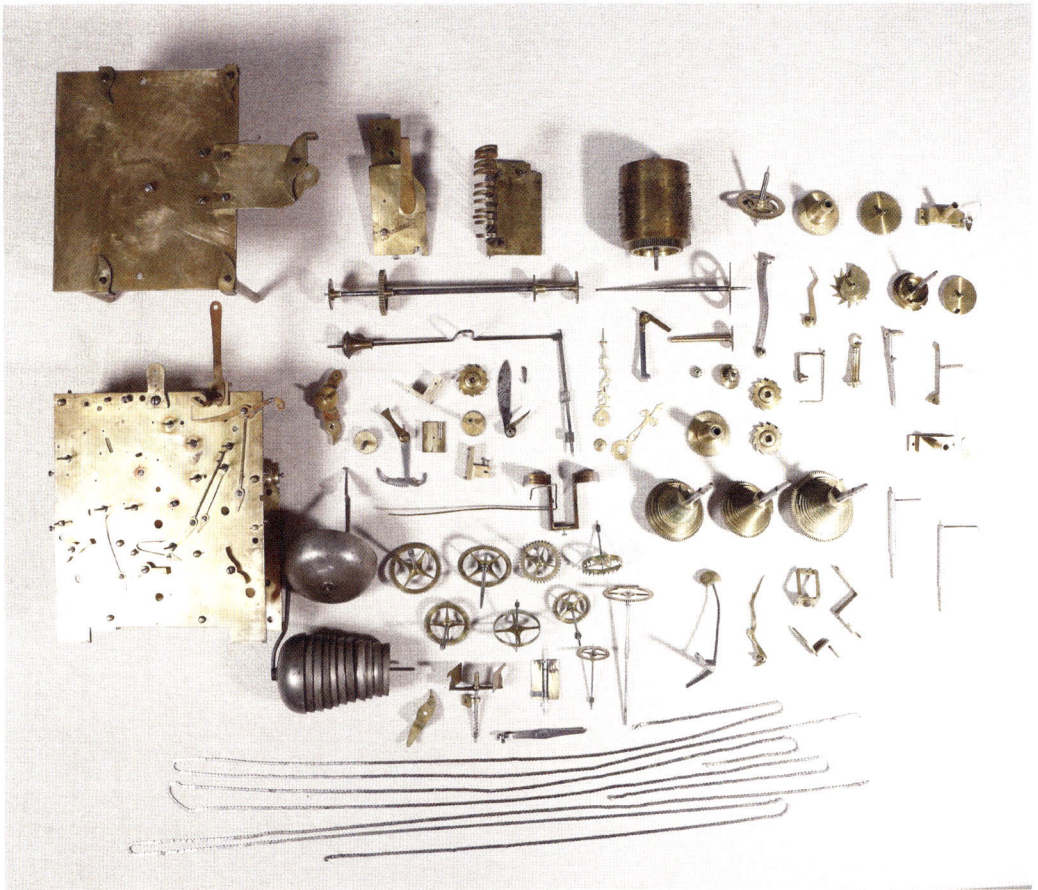

图 4-5　清洗后的机芯零件

生锈，使得链条钩无法承受打乐时发条释放的动力，进而断裂。对此，我们重新配置了链条钩，将损坏的原件作为实物资料妥善保存。

最后，清洗、修复及补配后进行组装，不断调试至机械功能全部恢复（图 4-6）。在本次修复中，我们使用了数字化技术，如对图像、影像和声音的采集，确保在限定条件下最大限度地留存信息。

图 4-6　修复后照

五

铜鎏金犀牛表

铜鎏金犀牛表是避暑山庄博物馆馆藏钟表除怀表以外体量较小的钟表文物，其体积小巧、造型精美、设计繁复、装饰华丽，是一件英国制造的钟表精品（图5-1）。

铜鎏金犀牛表分上中下三部分，基本功能有走时、打点、音乐、转花表演等。顶部为负责走时、打点的怀表机芯；中部为负责表演转花等的小型机械结构；牛腹内，盛有用于音乐演奏及表演的机芯。

首先，底座的修复以除尘为主。底座由红色天鹅绒布包裹，囤积了较为厚重的灰尘，但与木板表面贴合完好，两侧铜鎏金提环、铜鎏金四卷草式雕花托脚无损毁。先用干净的毛鬃刷轻掸天鹅绒布，之后用略湿的鬃毛刷继续轻扫。然后，取少许除锈膏擦拭底座的金属表面，需避开木质及布料。用含少量酒精的清洁布擦拭木质表面，避开金属及布料，反复擦拭直至去除污垢。放置阴干（图5-4）。

在清理修护钟体前，需先将内部机芯取出。钟体下部和上部

图5-1　修复前正面

图 5-2 中部转花系统

图 5-3 走时机芯

需分开清洁，下部铜鎏金犀牛部分用鬃毛刷蘸洗金水反复轻刷，之后用清水充分清洗，用吹风机烘干（图 5-5）。

钟体上部雕花造型需用洗金水充分清洗，清洗前，先将两边小窗卸下，顶端结构复杂，外窗不卸掉，用蘸有温水的棉签慢慢将钟体中部左右的粉色衬布的胶水化掉，取下布料。五盆料石花需分别取下，用洗金水清洗，取含酒精 3%～5% 的蒸馏水擦拭嵌料石部分，恢复其亮泽，然后迅速烘干。取下的粉色衬布放入含有 3% 酒精浓度的蒸馏水中，用细软的除尘毛笔

清扫表面，由于衬布背面托裱了一层较厚的衬纸，背面不做清洗（图 5-6）。清洗干净后，将粉色衬布用吹风机缓慢吹干。取适量白乳胶按照原有的位置和顺序将衬布回粘。最后，组装钟体外壳。

接下来，进入对机芯的修复工作，其具体的步骤为：拆解、清洗、烘干和安装调试。

顶部计时部分的怀表机芯，自壳体中取出后，首先进行油垢清理工作。之后对

图 5-4　清洁天鹅绒底座

图 5-5　犀牛外壳

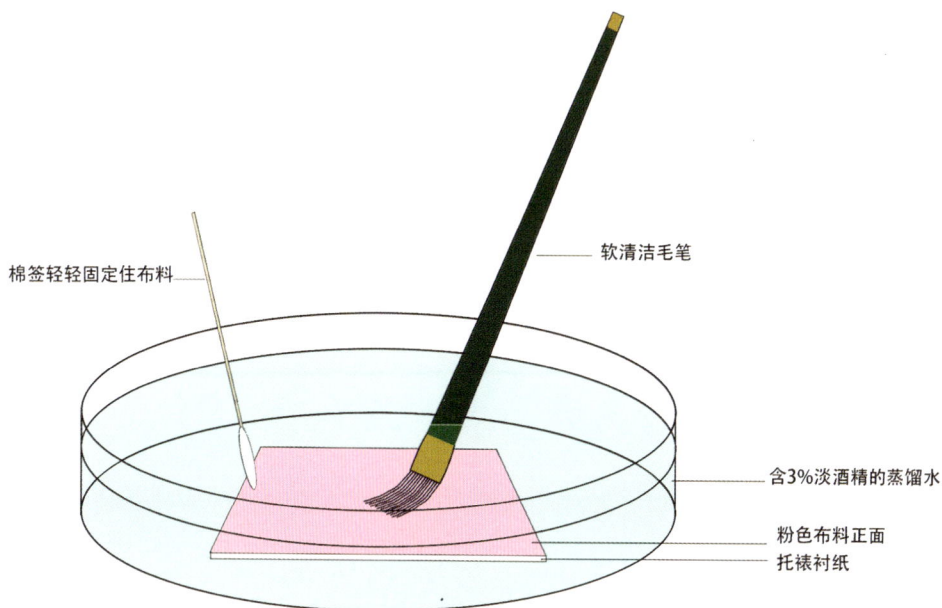

棉签轻轻固定住布料

软清洁毛笔

含3%淡酒精的蒸馏水

粉色布料正面

托裱衬纸

图 5-6　清扫布质材料

零件进行除锈、打磨等。此钟的螺丝等零件，其边缘与丝锥等老化，需重新修平，对部分螺丝，还需进行加粗处理。钟摆及游丝发生变形，需进行校正。机芯齿轮边缘由于常年磨损，挤压金属，形成毛刺，需用薄锉打磨。还要修饰千斤，使其与背轮的角度完全吻合。此钟的发条钩需重新制作，原件已老化断裂，修复过程较为复杂，需进行打眼、锉形、里外平面打磨，使其完全恢复功能。塔轮的千斤簧老化，需校形。

修复完成后，即可对机芯进行组装调试：打点部分需反复进行配合试验，使其走时精准。在调试过程中，又发现叉瓦磨损较为严重，可使用扁锉修整；擒纵轮的齿尖磨钝、高低不平，用镊子进行顺齿、修型、打磨。

此钟齿轮和其他零件间的磨损程度较严重，由此可推断此钟应为皇室钟爱之物，常年使用。

中部小型机械结构负责连接音乐机芯与转花表演的功能，由一根上下皆为齿轮的连杆，将下部音乐机芯的动力传导到中部的转花系统上。将其取下后，可将中部前后的转花系统拆卸下来。后将中部的大花朵直接取下，再将后部小花朵上的销子取下，然后将连接齿轮取下，即可将所有小花朵分别取下，前后两部分都采用此种方式。

犀牛腹中的音乐机芯，由于牛腹体量较小，所以对其夹板沿牛腹内壁进行设计。此机芯还有联动转花表演的功能，即负责与中部机械结构的联动并输出动力。取出机芯时，需注意机芯上的零件，避免

磕碰。之后将发条中的劲儿全部放掉，需记住齿数，方便按照此齿数进行备劲儿。然后将钟铃与钟锤上的螺丝拧松后，取下。取出夹板上的销子，将夹板揭开，取出发条盒、芝麻链以及塔轮。至此，整个音乐机芯的拆解工作即告完成。拆解之后，进行拍照记录（图5-8）。

机芯拆解完成后，需对零件进行清洗。由于零件积灰并不严重，可将零件全部放入煤油之中，使用超声波清洗机进行

图5-7　走时机芯拆解

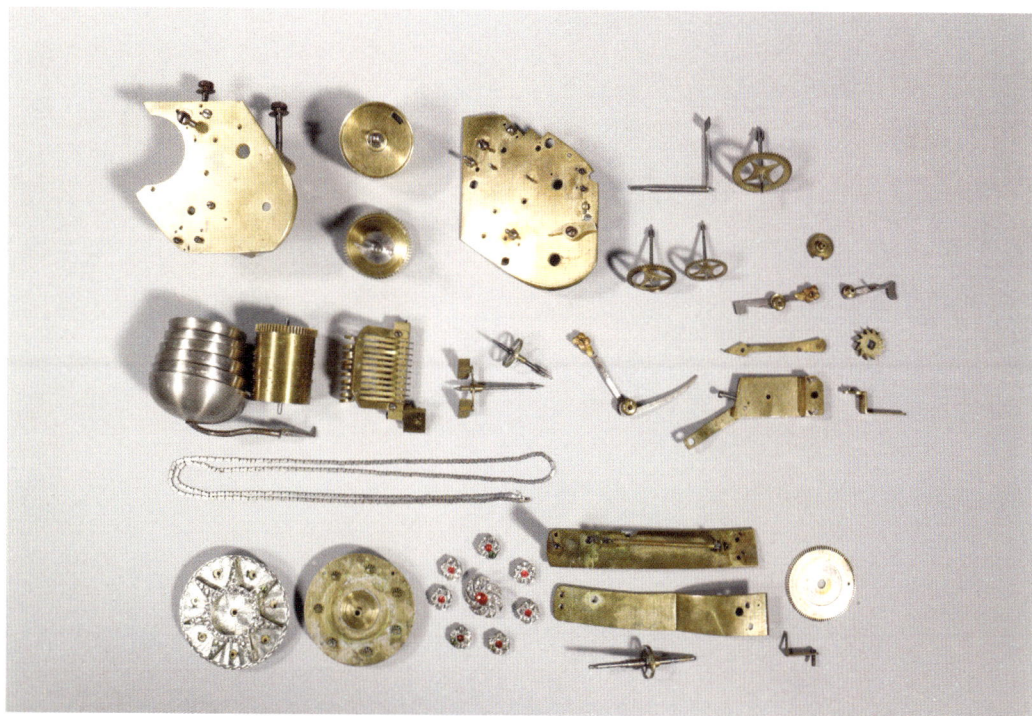

图 5-8 转花机芯拆解

清洗。之后，进行烘干。

由于此件机芯内的零件少，合板工作并不复杂。之后需对发条进行备劲儿。各轴孔上钟油，即完成对音乐机芯的保护修复工作。

最后，进行整体的安装和调试。在调试过程中发现，转花机芯因设计角度问题，在配合转花运转时，其角度变化严重影响其动力传输，如图 5-9 所示。前后两盘转花的角度有一定倾斜，其转花转动与

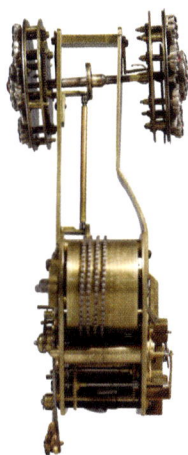

图 5-9 转花机芯调试

角度要求十分严格，如倾斜过大，则框量过大，难以完成配合；如角度过小，则配合过紧，亦不能走动。所以，在安装过程中需进行微调，直到找准合适的角度（图5-10）。

最后，将其余装饰性零件全部安装，完成对此钟的修复工作。

图 5-10　转花机芯正面

六

铜鎏金乌木框自鸣钟

此钟（图 6-1）为三套钟，有走时、报时、奏乐三套系统。走时部分，机芯状况良好，发条搭配羊肠线传动至塔轮，配合主动轮传输动力到中心轮，用于表针运转，同时传导到码轮，配合擒纵组合运转。报时部分，此钟在每刻钟及整点打响。奏乐部分，通过一排音锤拨动刺滚轮上不同位置的刺钉，打击固定音音锤奏出音乐。

此钟钟面上方有手臂可摆动的四位手持乐器的西洋乐师。关于壳体部分，两侧设有圆形开窗，装饰木质镂空花卉并衬以蓝色布纸，其目的一是扩散内部打击乐铃时的声音，二是破除侧面的沉闷之感。这样的开窗设计并不少见，但因镂空面细薄，多数以铜件或铜镀金件方式置于此处，像此钟使用木质镂空的做法较为少见。然而，开窗处的镂空雕花因常年环境变化的影响，随着木性的变化而产生了形变、断裂和破碎的问题。开窗形变的同时，扭曲的木质雕花无法匹配外框，故而

图 6-1　修复前正面

脱落。

木楼表面有裂痕，这在木质文物中极为常见，而且难以避免。钟背面玻璃破碎。由于木楼门框形变，从而产生了相应的扭力，玻璃门在受力的情况下，即便轻微的震动位移，也可发生碎裂。

关于机械部分，钟表内部的钟油固化

导致齿轮在上弦之后停滞不动或运转缓慢。除正常报时功能顺序混乱外，与盘面相结合的西洋乐师手臂无法摆动。打点的铃杆断裂。用于打乐的音锤断裂、丢失，需补配。

修复外观时，先对变形的开窗进行校正：首先将两面开窗取下，以热风枪缓缓烘烤至其平展，而后在背面将红木细条以鱼鳔胶粘贴固定，再施以重物压制 12 小时待其完全稳定。之后，采用文物专业级补土对碎裂、丢失的部分进行补配，在遵循可逆性原则的基础上恢复外观的完整性。

用专业的白色蜂蜡将整体木楼进行保养，方法为：将蜂蜡置于锡纸小碗中，慢慢加热至其熔化，而后把蜡汁涂抹在木楼上，轻轻烘烤并擦拭均匀，使蜡汁完全被木楼吸收。待冷却后，用豆包布用力擦拭，使木楼呈现出莹澈丰润的光泽。通过观察和分析，我们发现原破碎的玻璃窗也是在某次修复中补配的。我们采取二次补配的修复办法，通过量尺拓样、切割比对等一系列操作进行复原。同时，采用海克斯塔环氧树脂将破碎的部分粘接牢固，以保证实物资料的留存。

修复机芯时，将全部零件拆散，浸泡煤油后进行清洗，检查齿轮轴部上下两端以及轴中心是否对称，还需要确认夹板的孔眼是否均衡，磨损过大的孔眼需缩孔，由于此钟内部零件未见明显损毁痕迹，故可正常安装（图 6-2）。

接下来，需要将断掉的乐铃杆锡焊复原（图 6-3），首先观察其结构、断口形状、链接强度，然后清理断口处，之后焊接，初步固定后用薄的红铜铜板包住铃杆，再次锡焊加固（图 6-4）。

将乐锤断裂位置对齐，同其他乐锤在保持同等长度基础上焊接，初步固定后用薄的红铜铜板包住乐锤再次锡焊加固。

零件修复后，进行组装调试，发现止弦部分无法正常止打，将止弦轮取出后将簧片重新固定后捯齿安装，即可完成组装。

最后，调节盘面四位西洋乐师的内部连杆（图 6-5），钟摆摆动时四位西洋乐师同步摆动手臂，进行演奏（图 6-6）。

古钟表文物涉及多种材质，且不可拆分，所以对于古钟表的保护来说，适宜的温湿度十分重要。此外，光照、灰尘、气体浓度等诸多环境因素都会对文物保存有一定程度的影响。

图 6-2　重装机芯后

图 6-3　乐铃杆锡焊复原

图6-4　乐铃杆锡焊复原完成

图6-5　调节表演连杆

图 6-6　修复后正面

七

乌木嵌铜双人自鸣钟

此钟（图7-1）有三项功能，即走时、打点和奏乐表演。前面板呈现跑人表演，顶部为装饰用的铜鎏金铸造西洋人物。音乐通过换套可实现六首音乐的选择。钟表表盘的左下角，是止闹指针，可调整选择打点报时。此钟木楼外观破损程度不严重，但是由于油泥污垢淤积，导致机芯无法正常运转。

此钟背面为一整蝠风景画，绘有海岸边的城堡、帆船与观赏海景的人物，增添了灵动与美观（图7-2）。

修前照拍摄完毕后，开始进行修复工作，其整体的修复步骤大致分为除尘、拆卸、木楼修复、机芯拆除、零件清理、烘

图 7-1　修复前正面　　　　　　　　　图 7-2　修复前背面

干、组装调试等。修复过程中和修复后还需进行拍照记录。

首先，将机芯从木楼中取出（图7-3），然后依次将顶部的铜饰、四角的铜鎏金铸造件取下，分别用洗金水冲洗，并用清水充分清洗干净，烘干。之后，将连接机芯与木楼两侧与底部的螺丝钉拧松、取下，使机芯与木楼分离，将机芯倾斜，取出木楼。

木楼外观有几处开裂，铜鎏金部分与木楼主体镶嵌无掉落与松动现象，但

图7-3　修复前机芯

由于常年放置失去了原有光泽。正面铜版画有灰尘堆积。背面木版油画除色泽暗淡外，有几处裂痕。有一处合页由于经年未用，钉子部分有严重锈损。由此，木楼的修复只需完成除尘清洁并加固即可。

先用除尘毛刷、除尘布扫去表面尘垢，之后用蒸馏水轻擦木质表面，需避开金属装饰部分，以防生锈。木楼内按照相同步骤进行清洁。锈迹较重的合页处的木螺丝钉需取下，然后进行清洁除锈，再将螺丝孔清洁干净，用和有鳔胶的木粉将原有木孔堵上，待其干后，重新在原部位用木螺丝钉钻孔。最后，完成组装工作。

正面的铜版油画和背面的木版油画部分，用含有3%酒精的蒸馏水，蘸于棉签，轻轻擦拭表面，使其恢复原有色彩。

清洁工序完成后，木楼木质部分需打蜡保养，四角亭按照原有孔位装回。

最后，进行修后拍照。木楼部分的修复完成。

修复机芯时，先用小毛刷将浮土全部清理干净。然后将钟表指针依次取下，取下前面板的销子，继而取下前面板。之后，将三盘发条的备劲儿全部放空时，需

记住备劲儿齿数。取下钟摆，并依次将前面板上的各个闸杆取下，背面的钟碗和侧面的音乐钟碗及刺滚子也依次取下。整个钟表机芯的前后已全部拆卸完成，夹板的销子需全部冲出后，则可揭板。注意各路零件需分别摆放，位置不可混淆。

之后进行零件的清洗工作，本件钟表的锈迹较少，一些铜鎏金零件如夹板、风旗支架、刺滚支架等，需用洗金水进行清理。洗金水为弱碱性，对除锈有较好的效果。之后用清水清洗，除去表面残留成分，用烘干机进行烘干。其余非鎏金零件，或钢材零件，可用煤油配合砂纸、铜刷、鬃刷进行打磨除锈，以及进行表面护理工作，也需用烘干机烘干，如表面留有白色痕迹，可用油布擦拭。

清理完毕以后，进行组装调试。先将夹板倒放，然后依次按照原位置将各路齿轮放置在轴孔上，之后合板，要保证所有齿轮轴都完好地配合在上夹板的孔中，且要尝试其框量是否合适，可通过上下活动齿轮，确认上下是否有空间，如其无法活动，则说明前期安装存在问题。在合板过程中，需注意三个塔盘轮上的止弦装置，不要妨害合板的进行，如位置不正，止弦会与塔盘轮上沿发生干涉。上芝麻链

时，需要注意两点：其一是芝麻链的先后各路，万不可交叉缠绕，否则需要重新安装；其二是芝麻链各路之间的间距要掌握好，虽然可以微调，但最好在初期按照原发条盒上的痕迹进行安装。合板完成之后，需要一盘一盘进行备劲儿。将芝麻链的钩子钩在发条盒上，慢慢转动发条盒，使得芝麻链完好地盘绕在发条盒上，之后使用钥匙上劲儿，直到所有芝麻链全部缠绕在发条盒上为止。

备劲儿完成以后，需安装前面板上的

图 7-4　修复后机芯

各个闸杆。闸杆的起落保证了钟表在各个整点的报时与表演，在安装时，按照先内后外的顺序依次安装。闸杆安装完毕后，使用指针调试。然后，安装前面板钟盘以及跑人表演，使用销子锁紧。

最后一步是将机芯装入木楼之中（图7-4）。在安装过程中，要注意机芯与木楼之间的螺丝是否过紧，过紧会导致机芯不运作。

修复完成的乌木嵌铜双人自鸣钟的跑人表演展现了英国士兵列队前行、驰骋原野的潇洒形象，木楼背面又展示了海洋风光与人物，体现遥远的海洋国家的艺术风格，为避暑山庄的钟表文物收藏增添了浓墨重彩的一笔（图7-5）。

图 7-5　修复后正面

八

铜鎏金乌木双面自鸣钟

此钟（图 8-1）是英国制造的双面珐琅盘木楼钟表，外观别致。木楼顶端的圣杯断裂，但并无缺失。顶部四角的圣杯保存完好。外包的硬质木皮因长年累月的环境影响，多处开裂、起翘。

此钟的功能为走时、整点报时、音乐、跑人等，可手动启动跑人音乐表演。

其机芯结构为上下两部分，上部机芯有一盘发条，带动负责音乐及前后表盘上方跑人表演的传动系统（图 8-3）；下部机芯有两盘发条，带动两套传动系统，负责走时、整点报时及报时后启动上部机芯（图 8-4）。

背面表盘有三处上弦孔：上部为音乐

图 8-1　修复前正面

图 8-2　修复前侧面

图 8-3　上部机芯

图 8-4　下部机芯

跑人发条上弦孔，下左侧为走时发条上弦孔，下右侧为整点报时发条上弦孔。此钟右侧面有三个开关：左下方拉绳手动启动整点报时；右上方拉绳手动启动音乐及跑人；中间拉柄启动和止摆走时。

修复前，需对钟表进行整体拍照，之后详细掌握破损情况，制定修复方案。铜鎏金顶花断为两部分；串铃支架断开；木楼外皮局部开裂。开机测试发现跑人与音乐无法启动。之后将机芯与木楼拆分，进行外观部分的清洁与修理。

此钟表演装置的跑人设计为铜版油画，前后两幅描绘了不同场景，均为欧式田园风光。正面描述的背景较为明朗开阔，微亮色调，似清晨劳作（图 8-5）。画面有细微油彩开裂纹路，但未脱落起翘，保存较完好。背面描绘的为黄昏漫步的景象，色调较暗，前方跑人为结伴行走的官宦贵妇，营造休闲氛围（图 8-6）。此幅画面有较为严重的开裂、起翘，且油彩较厚。

修复铜版油画需要倾注大量精力，首

图 8-5　正面铜版油画及跑人

图 8-6　背面铜版油画及跑人

先确认此钟的铜版油画未曾修补过，保存完好。接下来进行清洁，用混有淡酒精的蒸馏水棉签轻轻擦拭正面油画表面浮尘。背面油画龟裂较为严重，清洁后需按压回粘，使翘起部分重新贴合。

　　木楼的修复需先进行清洁，然后回粘木皮（图 8-7）。在清洁时，应单独拆卸木质部分、金属部分以及布料等，分别进

图 8-7　修复木楼

行清洁、修护。铜鎏金部分由小钉镶嵌在木楼表面，拆卸后不易回装，故不拆卸，只需避开木质材料单独清洁。两面玻璃可拆卸，单独清洁。木质部分需先用清洁布与清洁毛刷扫去表面尘垢，再取含有 4% ～ 5% 酒精浓度的蒸馏水擦拭，避开金属与布料。起翘部分需进行回粘，将鱼鳔胶均匀涂于起翘木皮内侧，并夹一块垫木，用 F 形夹固定，待鳔胶干后取下夹子与垫木，擦掉边缘过多的胶。最后，进行烫蜡维护保养。铜鎏金部分无严重锈迹，用略硬的小鬃刷进行扫刷，再用带有少许除锈打磨膏的擦金布进行擦拭。粉色衬布部分由于不便拆卸，用清洁的小鬃刷轻轻扫去表面浮尘即可。

　　拆解机芯前，需先将前后两面钟盘取下，卸下前面板上各控制闸杆，放劲儿，将机芯发条蓄积的势能全部放空。机芯拆解后，用煤油及铜刷、砂纸等对零件上的污迹、锈蚀之处进行清理与打磨，清洗过程中，要注意零件的具体位置，勿将不同机芯内的零件混淆。之后用烘干机烘干，进行修复中拍摄记录（图 8-8、图 8-9）。

　　此钟在组装调试过程中需克服的难点有两处：第一是上部机芯使用的发条较少，又因发条金属材料年代久远，所能蓄

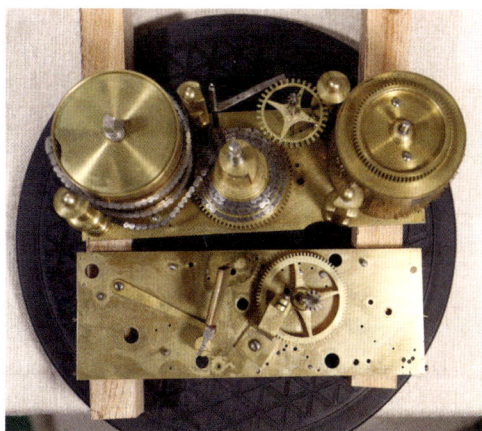

图8-8　上部机芯

积及释放的力量都有所减少，此机芯还需带动几组表演及音乐功能，所以在调试过程中，要将齿轮、轴孔、各零件配合区域之间的摩擦力降到最低，并配合角度，进行适当注油润滑；第二是在机芯整体装配完成以后，要将机芯装入木楼之中，需特别注意机芯各零件和木楼之间的缝隙配合，不得有任何地方与木楼之间产生干涉，否则机芯运作将受到严重影响。

机芯安装完成以后，需对其外部的打

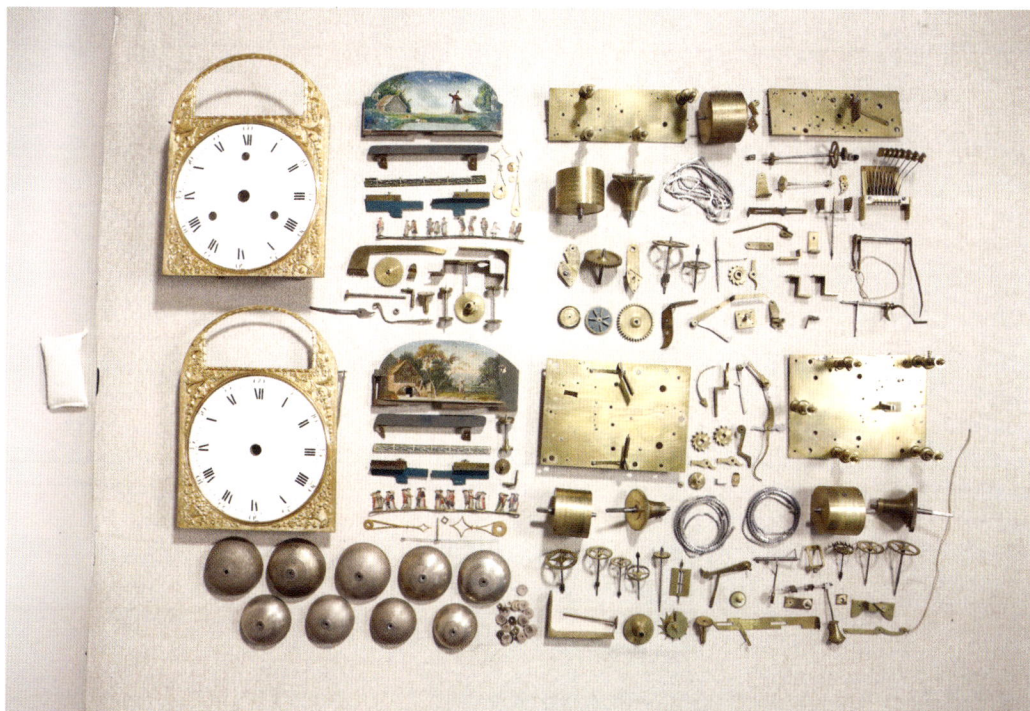

图8-9　下部机芯拆卸后

铃杆、顶部圣杯进行焊接工作（图 8-10、图 8-11）。由于顶部圣杯的断裂缺口的接触面较小，需较大热输入才可使钎料充分

浸入断口处。钎焊完成后，进行补色。最后，进行拍照、摄像记录（图 8-12）。

图 8-10　顶部圣杯焊接完成

图 8-11　打铃杆焊接完成

图 8-12　修复后正面

九

铜鎏金乌木自鸣钟

此钟前后木门镶嵌透明玻璃，正中为表盘，正面珐琅表盘无明显开裂痕迹，背部为机芯夹板及钟摆，夹板上有对称錾刻纹样，正中为向四周扩散的花卉纹样（图9-2）。

此钟机芯为常见的三套系统，即走时、打点、打乐。有四首乐曲，盘面有跑船及水法。走时系统是钟表的基础，发条搭配羊肠线传动在塔轮之上，配合主动轮将动力传送到中心轮带动表针运转，同时传导在码轮上，配合擒纵组合运转。打点是常见功能，此钟可在每刻钟及整点报时。奏乐通过一排音锤拨动刺滚轮上不同位置的刺钉，打击固定音

图9-1　修复前正面

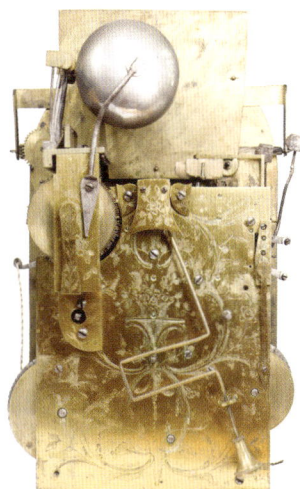

图9-2　机芯夹板

图9-3 内部结构

音锤发出，乐曲通过刺滚轮位置的变化有不同展示。

此钟木楼状态较好，无严重变形，少有几处开裂，属于在冷热干湿的外部环境影响下出现的正常老化现象。整个机芯和演示部分无明显缺失，机芯问题相对较多，有多处修复痕迹，磨损较为严重，灰尘堆积严重，锈斑锈蚀明显；走时、打点、打乐功能失效，在未拆解状态下调试，发现运转缓慢。

修复前，首先将机芯与外壳分离，同时拍照记录，以便日后修复和研究。木楼

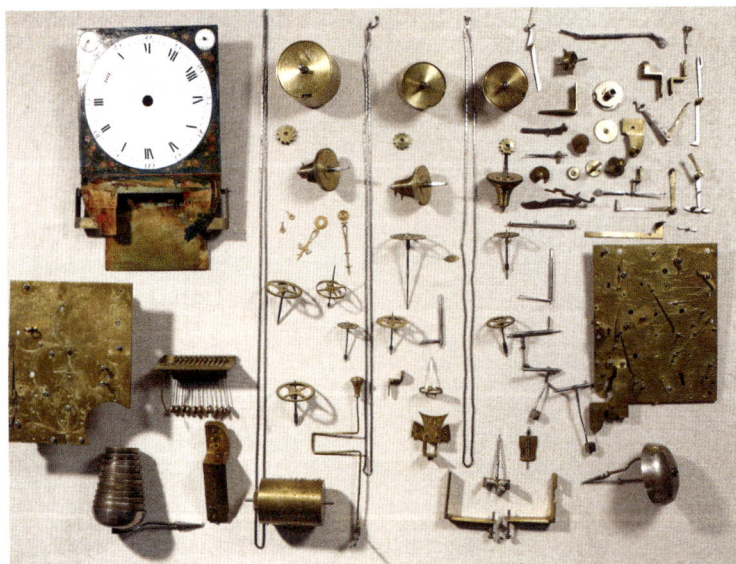

图9-4 拆卸后零件

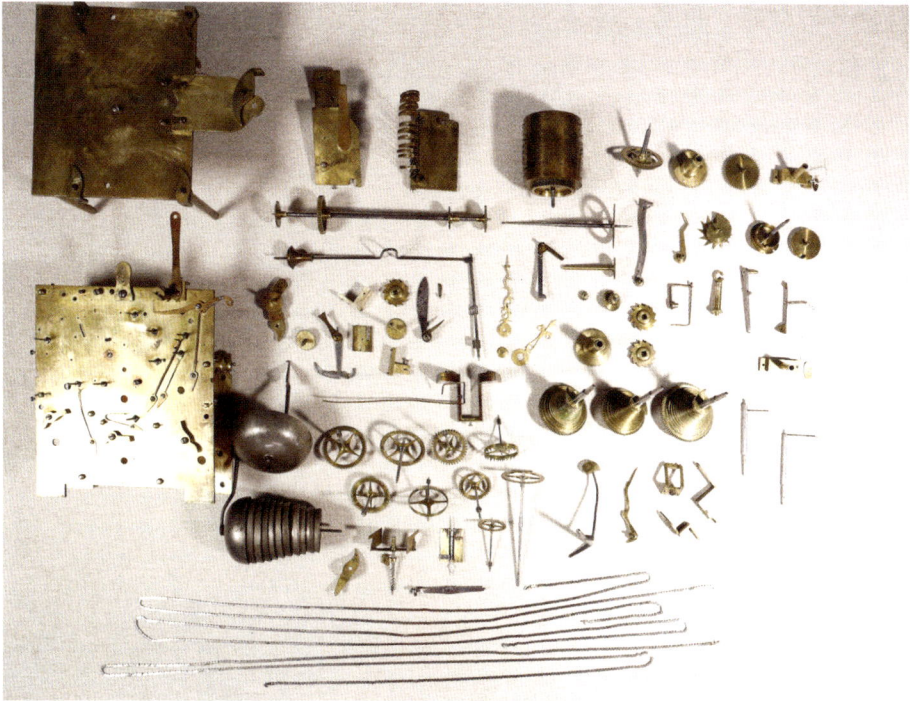

图 9-5　清洗后零件

部分只需常规清洁与上蜡养护即可，操作方式为：用湿布擦拭楼体，以文物级专用除尘棉签将细小角落的灰尘、灰沁清理干净。之后将专业的文物蜂蜡加热至熔化，蜡汁均匀涂抹在楼体上，轻轻烘烤并擦拭，直至蜡液完全渗入木材的纤维。待温度下降后，用力摩擦，使木材呈现出温润莹澈的光泽。

机芯部分先将零件拆卸（图9-4），之后用煤油清洗每个零件，去除铜质零件表面锈蚀。铁质零件表面的锈蚀有些需要通过细砂纸（5000—12000目）打磨，直至光滑。清洗后的零件放置好后，进行拍照记录（图9-5）。然后零件用钟油擦拭，避免指纹和汗渍滞留在零件上，夹板上的指纹和汗渍经过漫长时间会留下腐蚀纹路。

安装之前，需检查有无轮轴倾斜的问题。此外，还需检查是否有齿轮轴眼过大等问题，否则会导致齿轮旋转重心不稳、齿合不稳定，甚至可能导致断齿。此钟链条钩靠近塔轮一侧断裂（图9-6），修复链条钩需重新制作链条钩中的固定销子。

安装机芯后，在调试中发现，打时和打刻的音锤杆一头的挡钉不能精准拨动，需调整音锤杆中间空隙。在修复过程中，我们严格遵循"最小干预"的原则，使古钟表尽可能保持原始的状态（图9-7）。

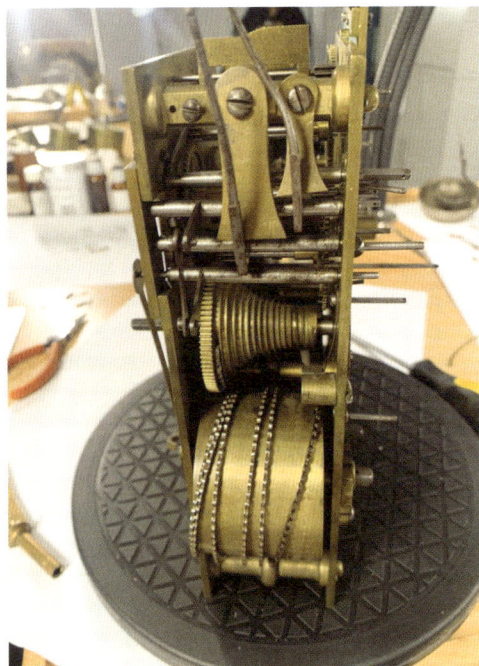

图9-6　断裂链条钩

图9-7　修复后正面

十

玳瑁饰银花自鸣钟

此钟（图 10-1）为三套钟，分走时、报时、奏乐三套系统（图 10-2）。门折页上有特殊印记，推测为纯度和品牌标记（图 10-3、图 10-4）。

修复前对此钟进行观察和拍照记录，壳体框架有轻微变形；多处玳瑁片断裂、开胶；机芯后倾，机芯与钟壳脱离；底部用于固定机芯与外壳的四颗螺丝，仅存一颗，导致机芯脱落、后门无法关闭。

此钟机芯与钟壳的空间非常紧凑。钟壳内部木框需经挖、削处理，机芯取

图 10-1　修复前正面

图 10-2　机芯

图 10-3　银质合页戳记（1）

图 10-4　银质合页戳记（2）

出前需先将后夹板外的钟摆、风轮卸下。拆卸时发现，走时系统齿轮轴尖、连杆轴眼处油泥呈绿色。走时、打点、打乐系统均无法运转，夹板内部打乐系统链条钩断裂，打乐系统齿轮有缺齿。

接下来进入修复工作。外壳银饰件需分别拆下，以除锈剂进行擦拭处理，去除表面黑色的硫化层（图 10-5）。在回粘片的操作上，采用传统的鱼鳔胶，这种胶粘剂来自黄鱼的鳔，其黏性高于一般的动物胶，具有环保、可逆的特性，胶粘剂涂抹在掉落的玳瑁片后，复粘于原位并轻轻施压直至其稳固。然后用细木粉混合鱼鳔胶，将缺失的木孔填充、塑形，即以木修木。待自然干燥后，测试其强度，确保机芯再次安装时足够牢固。

机芯拆解之前，需要对所有发条进行放劲儿，然后将机芯夹板外的各零件拆卸下来，按顺序摆放，浸泡在煤油中进行除锈与清洗。外部零件拆卸完毕后打开夹

（左侧为除锈后，右侧尚未除锈）

图 10-5　银质合页清洗前后对比

板，将各套系统分别取出，并分类摆放，同样将零件放入煤油浸泡、清洗。根据锈蚀程度决定浸泡时间长短，清洗过后将零件擦拭干净，用吹风机烘干。

链条钩断裂需要重新制作，用高强度钢材打磨、开孔，制作成链条钩形状，再与链条通过铆钉链接。此外，缺齿齿轮冠厚度不足1毫米，也需重新制作。

清洗、修复后的机芯零件分类摆放，将各套系统组装入机芯，扣上夹板。在夹板外为每个齿轮轴尖上适量钟油，测试各套系统传动情况。确认一切运转正常后，开始安装板外零件。安装时，需将各系统调试到同一状态，如将走时系统调整到12点整，打乐系统合闸，打点系统落锤，以及打乐刺滚子安装在音乐起始位置。

此钟设计精密，各套系统中都标有记号，以方便组装。拆卸之前需对这些记号做文字及拍摄记录。

对机芯进行调试时发现，夹板外几处簧片弹性减弱，无法达到应有力度，调整后机芯恢复各项功能联动。

最后将机芯装入钟壳，拍摄记录。

十一

铜镀金龙马吐水洋人打钟

此钟修复分为三步：第一步将顶部与整体分离，顶部包括顶花和走时机芯，需要注意的是，拆卸驯马人一层时，马嘴内四根水法柱会同时脱落，需标记每根水法和对应马嘴。走时机芯（图11-1）按照常规的清洗、修复、组装与调试流程进行，恢复其正常运转。

第二步将中部与底部分离，先将正中圆柱形水法取出，使其与外部环绕的料石圈分离，清洗水法时需将其全部拆下，并按顺序码放。针对断折的水法部分，需用进口玻璃胶按3∶1进行勾兑调拌，直至呈透明黏状，将断折部分对接，用胶覆盖黏着并填平沟壑，待两日全干后进行抛光打磨。

第三步拆解底部的动力音乐机芯（图11-2、图11-3、图11-4），经过清洗、修复、组装与调试，使其恢复了全部表演功能。

最后，依次将水法组、动力音乐机芯装入底部壳体，同时将中部与底部对接，需注意每个圆片与敲钟人的连杆相对应，之后将外侧四根水法固定，并与顶部对接，从而完成全部修复工作（图11-5）。

图11-1　修复前走时机芯

图 11-2　修复前动力音乐机芯

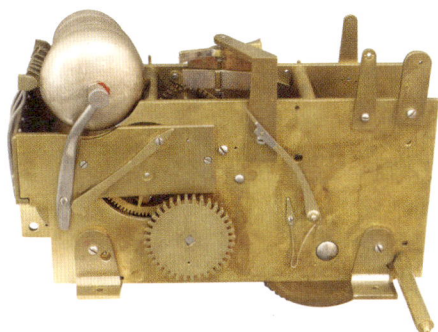

图 11-3　修复后动力音乐机芯

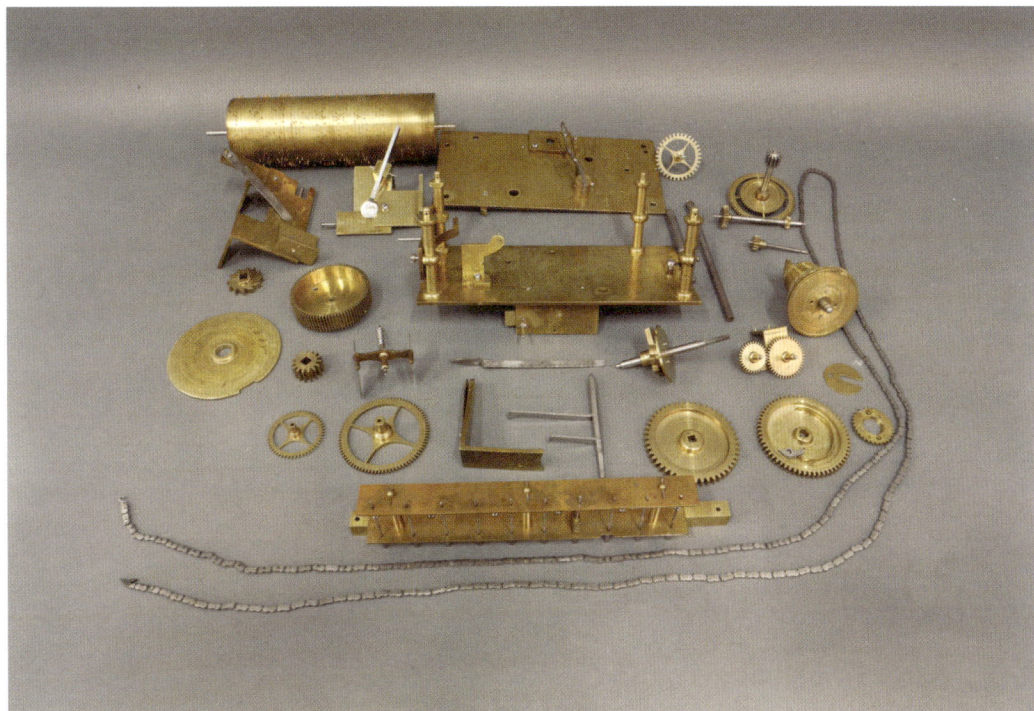

图 11-4　动力音乐机芯拆解

图 11-5 修复后正面

组装时，对各零件间关系的特性值可根据以下公式进行计算：

发条的强度 T = 发条弹性系数 E × 发条断面惯性能率 I × 转动角度 Θ ÷ 发条全长 L

I = 发条宽度 b × 发条厚度 t 的立方

Θ = 2 × 发条转的圈数 n × π

动者齿轮与被动者齿轮关系 = 各动者齿轮数的乘积 ÷ 各被动者齿轮数的乘积

齿轮转速比 = 司时针的小齿乘积（筒形分针轮小齿 × 旁介轮小齿）÷ 司分针的周齿（旁介轮周齿 × 时针轮周齿）= 1/12

判断钟表是否准确，大部分问题都可通过摆体现，其运作公式为：

摆的周期 T = 2π × 〔（摆长 L / 重力加速度 g）的二次方根〕

钟摆周期出现误差，其主要原因归纳为下述四种：

（1）支点动摇：摆锤越重越好，但若支架不牢靠，支点发生动摇，则会导致周期不准。

（2）大气误差和空气影响：气压增加时，空气的比重较大，浮力加大，摆的重量随之减轻，导致不准。空气比重加大时，则跟随摆同时摆动的空气的量亦增加，这是原因之二。此种原因需根据钟表所陈设的地点进行考量，如长期固定在同一地点，可忽略不计。

（3）横摆误差：钟摆应在同一平面上

摆动，即从上看摆的路径应为一直线，如果晃出此面，称为横摆动，其影响等时性，从而产生横摆误差。横摆误差多因弹簧片夹板不平，或弹簧片本身扭曲。装卡子的轴若不垂直于摆，也会产生横摆动。

（4）温度误差：温度上升则摆增长，钟走慢；温度下降摆缩短，则钟走快。此情况多在所处地点温差极大时出现，一般

室温可忽略不计。

通过以上检测调试后，钟表可装外套，经照相记录留案，以备下次维修时作为参考。

修复时，以下问题得以解决：

（1）铜版油画补色（图11-6）。此钟底层四面装饰铜镀金外框，内部铜版油画展示的是欧式自然风光。正面铜版三

图11-6　修复前铜版油画

层，底层画有庄园建筑、围栏及远山，带跑人跑羊装置，中层绘有低矮灌木，上层描绘的为庄园主人携宠物狗的休闲时光。左右两面为捕鱼垂钓的场景，树木、枝叶处做镂空装饰，有整齐排列的水法柱。背面为一整幅铜版油画，近景为一棵参天巨树，左侧有一幢尖顶房，右侧为远景小桥、房屋。描绘细节生动，虚实结合。背部铜版画老化、缺损较为严重，主体巨树顶端颜色脱落；画面左部天空处油彩龟裂；小房下方草叶、土地颜色脱落；右部河堤处颜色缺失；其余部分油彩小面积疏松（图11-7）。

对于铜版油画的色彩固定有多种，本次修复遵守可逆性原则，在以往常规修复的基础上进行了改良，先用清漆喷涂，作

图11-7 颜色脱落

加固与隔离之用；再依据画面，补全脱落的颜色；最后用清漆喷罩保护。优点在于清漆与油彩不会互溶，在一定程度上保存了油彩的化学特性。本次修复的关键在于，补色时将颜色模拟为画面泛黄后的色调，修旧如旧，保证了视觉上的统一和谐（图11-8）。

（2）齿轮栽尖的改进。在修复的过程中，根据栽尖修复需要，进行了配轴径、摆尖机加工的实验。在文物钟表修复中，齿轮轴径和摆尖折断是常见问题，多年来大部分技术人员沿用传统技艺，尤其是轴径小的，多数都采用手工打孔，然后做径（尖）栽上，焊接固定，这种方法加工难度大，施工时间长，一般轴径垂直度稍差些，但好处是实用，能够达到修复的要求。所以，此种方法一直延续至今。在交流中发现，国外同行在修复小轴径时，也多半采用手工操作打孔。过去由于被加工件形状不同，夹头固定加工件困难，加上设备的精度不够、加工件不垂直等多方面原因，小轴上打孔经常不在中心点上，增加了修复的难度，成功率不高。我们采用机加工方法，加工的轴径精度高、速度快，打破了多年都采用手工打孔、配径的惯例。

图 11-8　修复后铜版油画

（3）止弦阀的改进。此次修复，尝试进行了改进止弦机构的实验。常年从事修复工作的技术人员会发现，修复后的止弦机构常有再次断裂的现象，这是因为止弦机构阀采用铜丝结构的端面较细，在其上打孔载弧形圈，一旦受力，弧形圈根部就非常容易折断。经过多次实验，决定将原来铜丝材料改为 0.5 毫米的铜板，然后依次进行切割、折叠、搓削、焊接、制形、调试倾斜角，此法改善效果显著，近两年得到广泛应用。

此外，在本次修复中，我们对古钟表的油品和铜镀金保护膜有了更深入的了解。古钟表油品有多种细分品类，清末前后采用的是欧洲进口油（上海分装），50年代后使用的是上海中华牌钟油。由于钟表各部分齿轮转速不同，滑动配合不同，摩擦系数也不同，所以应采用不同油品。京城亨得利钟表公司与瑞士钟表公司有多年的合作经验，直接从瑞士引进现成技术，购入多品种油，科学使用。我们基于亨得利的经验购入六种瑞士油品，标号如下：

9415 适用擒纵机构活动部位和叉瓦部位；

9010 传动系齿轮的轴孔部位；

D5 传动的部分的头轮和二轮的轴孔；

124 适用于分轮；

8200 杂件；

9034 坤自动。

关于铜镀金保护膜，我们尝试进行了 ASBK-4 双组分硅树脂硬膜涂料实验。20 年前曾有老师傅尝试在铜镀金表面涂一层保护膜，但是由于保护膜成分为甲苯、二甲苯、丙酮等溶液，毒性大，易对环境造成污染，对人体也有伤害，且其对文物的好坏论证尚不明确，因此停止了使用。我们此次修复采用的是 ASBK-4 双组分硅树脂硬膜涂料产品，该产品是以醇类为溶剂的新型双组分硅树脂涂料，具有低温快速固化、透光率高、附着力强、耐磨性好等特点，适合做硬膜涂料。目前已经应用到某些极易发生氧化锈蚀的铜镀金饰件。

十二

铜鎏金山羊表

此钟为避暑山庄博物馆所藏古代宫廷钟表里尤为华丽、严谨、小巧的一件精美作品（图 12-1、图 12-2 ）。

修复前，需进行观察、测试并拍照记录。此钟的表演功能、上部象驮钟表均无法启动，需全部拆解，逐件清理、修复、安装调试，以恢复其计时与表演功能。此外，一根银花立柱为后期木刻仿制，推测原有构件丢失，后人为补配，制作了木质的零件替代。

此钟应从中部羊驮的鞍部进行拆卸，先将鞍部前后左右的螺丝全部取下，将上

图 12-1　修复前正面

图 12-2　修复前背面

部整体向上垂直端起，同时取下下部和中部之间的连接齿轮。此齿轮将羊腹内机芯动力向上传导至表演区，必须保证其同轴度。

上部装置全部取下以后，需将下部机芯从羊腹中取出。下部机芯通过长螺钉与机壳相连接，螺钉取下即可将机芯拿出。由一盘发条所带动的音乐机芯，兼顾向上输出动力，从而控制钟表中部的转花等表演功能。

拆解中部的表演结构，此结构的许多银片等零件通过尺寸极微小的小销子连接，取出小销子时，需注意其固定的结构，部分销子位于难以取出的夹壁之间，应十分小心。之后拆解羊腹机芯，先对发条的备劲儿进行释放，在发条轴处操作钟表钥匙，逐齿地反向旋转，控制千斤，使其内部的发条备劲儿全部卸除。之后，将夹板上的销子全部冲出，揭板，取出板内所有零件（图12-3、图12-4）。

图12-3　音乐机芯

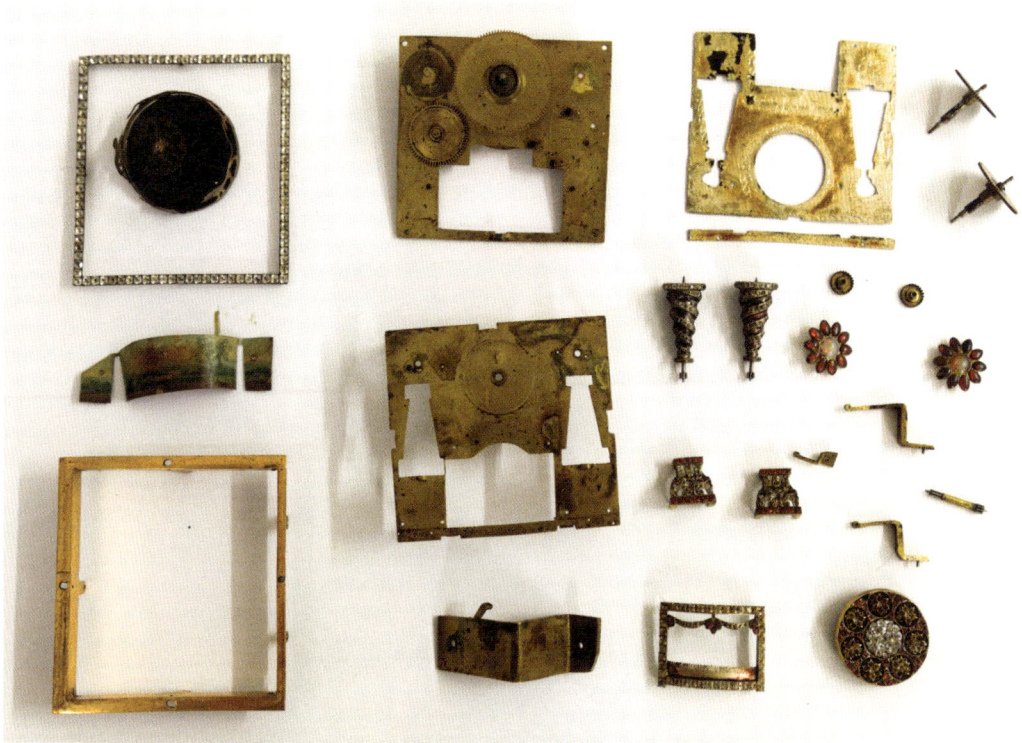

图 12-4　中部表演机构

最后，将钟表上部的走时机芯进行拆解（图 12-5、图 12-6、图 12-7）。先将机芯正反面通过销子、螺丝固定的零件分别拆解取下。将发条内的备劲儿放空，冲出夹板销子，揭板，取出板内的齿轮及发条盒等。发条盒内发条断裂，这是经年存放发条张紧力造成材料的疲劳强度下降导致。在修理过程中，挑选可再次利用的发条进行接条，恢复发条功能。

拆解的同时进行修中拍照，之后将零件进行清洗。对于锈蚀较为严重的铜件或钢质零件，使用煤油进行浸泡清洗，之后使用超声波振动法清理杂质，如一些顽固有害锈仍存于零件处，则可使用砂纸蘸取煤油进行打磨，直至将有害锈全部清理干净。对于铜鎏金零件，使用洗金水进行清理，清理过后要使用清水进行清洗，清洗干净后，使用吹风机进行烘干，直至零件表面发烫，以保证其内部之湿气完全清除干净。对于其余木质或绒布材质部分，可

图 12-5 走时机芯正面

图 12-6 走时机芯侧面

图 12-7 表盘

用文物专用除尘布进行清洁，直至表面不见污迹。

清洗后，开始进入修复工作，此钟的发条断裂过多，且断裂碎片过短过窄，已无法继续利用，故使用其中断裂部分较长者，完成铆接，将发条基本恢复其使用功能，仅其走时时间有所缩短。

发条铆接完成以后，可对机芯进行组装。将钟表走时机芯内的各个零件放入夹板上，再进行合板，插入夹板销子，调试各个零件的活动程度，发现所有零件均有框量，则表示合板工作完成。之后将夹板前后的各个控制闸杆及零件全部安装到位，使游丝摆动，走时机芯正常工作，则走时机芯安装完成。

下一步要对羊腹内的音乐及表演机芯进行安装，此件机芯的功能较为简单，零件较少，按照其原有位置一一安装完成即可，安装后要按照原有齿数进行备劲儿，试上弦，发现其音乐功能完好。

之后要对上部转花表演机构进行调试，此处机构需要注意的地方是其安装位置过于局促，所有齿轮配合都要注意润滑，尽量减小摩擦力，以保证下部机芯上传的动力可以完好控制其运转。中部表演结构安装完成后，可进行上接合。首先将音乐机芯置入羊腹内，因其位置狭仄，有

些钟铃或可能与羊腹产生干涉，从而导致发声障碍，此时需调整钟铃位置或机芯下部垫板的位置，使其正常发声。将中部表演结构放置于羊腹之上，使其传导齿轮上下轴皆入轴孔，测试其灵活程度，之后将四角银花立柱全部安装到位，上螺丝，完成安装。

启动开关观察其运转状况，完成全部安装工作（图 12-8、图 12-9、图 12-10、图 12-11）。

图 12-8　修复后正面

图 12-9   修复后背面

图 12-10   修复后侧面

图 12-11   修复后侧面

十三

铜鎏金紫檀边框玻璃自鸣钟

此钟所具备的功能较为丰富，除走时、打点以外，还具备月相、日历和闹钟功能。走时与打整点功能上弦孔在钟盘上，上弦使之存储发条弹性势能即可正常走时打点。此钟还可使用拽绳问点。月相及日历功能的显示是通过中心轮上所设置的挡钉，拨动其日历轮、月相轮后面的轮齿完成的。其闹钟功能结构设计十分精巧，使用中部小盘确定闹时整点时间，上面的数字指示盘表示了闹铃所定时间，巧妙的是，钟表使用时针尾部作为闹时针，在定闹点时，中部小盘可自由转动，设定完成后，中部小盘会随着时针旋转，使得时针尾部可一直指向闹时点，不致出错。其内部机构原理是，由中部小盘后的一个小销钉，穿入一U形夹的销孔中，销孔上设置一挡钉，随着中部小盘转动，挡钉亦旋转，到设定之整点时，挡钉挑起闸杆，闸杆带动掀闸，则夹板后部一小发条蓄积的弹性势能得以释放，带动其联动的钟锤左右敲打钟铃，随着发条放劲儿完成或者闹铃挡钉挡住闸杆后，闹铃结束。设计环环相扣，巧妙而新颖。在闹铃结束后，继续使用小绳将闹铃发条上满即可。在闹铃发条背面，还有一止弦设计，通过此处设计，可以防止此盘发条上劲儿过满。

该钟的外部构造为立式长方木楼钟壳，木楼的顶帽为乌木带镂空雕花，雕有蝙蝠以及祥云图案，四脚雕有四只蝙蝠，蝙蝠内侧以螺纹连接四个铜鎏金花柱，顶尖也镶有铜鎏金菱格柱头。木楼箱体的木质与顶部装饰木质不同，箱体为软质木料，染为偏向乌木色。箱体前后有开门，均嵌有铜鎏金镂空雕花板和玻璃，便于观赏。正面木门边框还嵌有宝石及两条类似西方罗马柱头女胸像及花卉的铜鎏金边条。底部四脚由铜鎏金的脚台托起。

木楼整体灰尘堆积较为严重，尤其顶部镂空雕花部位，箱体内部也有较多灰尘堆积（图13-1）。后开门的顶部右上铜鎏金花式柱为补配物件，补配以木质材料雕出柱形并施以金色丙烯类颜料（图13-2）。

顶部雕刻的蝙蝠中，其中一只头部断裂缺失，有可能是后期运输或搬运时不慎磕掉并遗失（图13-2）。正开门部分，门框可以正常开合，并无变形起瓢状。边框四周的镶嵌宝石有缺失，后人修复时，配合边框的颜色，将其缺失位置的凹槽用紫色粘蜡填补完好（图13-3）。箱体后开门的门框略有变形，不能完全闭合（图13-4）。中间镶嵌的玻璃板有一处裂缝（图13-5），通过观察门框内侧玻璃镶嵌部位发现，由于从前的修复者，在卡住镶嵌玻璃时，没有考虑到门框会因温度变化而产生变形，未留出玻璃在框槽内释放变形量的活动空间，内部格挡的边条贴合过紧（图13-6），导致木门边框变形，压迫玻璃导致崩裂。

图 13-1　顶部镂空雕花部位

图 13-2　补配物件

图 13-3　正面门框

物保存完好，仅有灰尘堆积。

对木楼的修复，不进行完全的拆解，只对外观进行清洁、修护。先用毛质略硬、有弹性的鬃毛刷将浮尘扫去，再用沾有 3% 左右浓度的淡酒精水的清洁布轻轻擦拭木楼表面，擦拭中注意避开金属、宝石以及布料的部位。顶部雕花镂空部分的尘土，由于结构精细复杂，不容易被彻底清理，用细小棉签，蘸着淡酒精水分别擦拭清洁，注意避开镂空内部贴有的一层粉色衬布。由于木楼内部的粉色衬布贴合完

图 13-4　门框不能完全闭合

图 13-5　玻璃板处裂缝

图 13-6　内部档条过紧

后开门的两条铜鎏金雕花边条，其中一条由于下部钉子与木质结合处生锈、腐朽，造成松动起翘（图 13-7）。箱体两侧装饰

好，只用毛刷清扫表面即可。

对于木楼中的铜鎏金装饰部分的清洁，由于保存状态较好，不将其拆卸下来单独清洗，若是反复拆卸，反而容易导致老化的木钉部位松动，直接用蘸有少许除锈打磨膏的鹿皮布，轻轻擦拭铜鎏金部分，着重擦拭有锈斑的部位。

宝石以及玻璃部位，用淡酒精水轻轻擦拭即可。原有宝石缺失而被紫蜡填补的部位保持原状。

加固松动的铜鎏金边条，由于右侧边条底部木钉松动，边条起翘，所以先把木钉取下，清理钉孔部位，用掺有鱼鳔胶的木粉将原有钉孔堵住，待其干后，将木钉重新钉入原有位置。

由于扭曲变形不严重，便不对玻璃进行拆卸，只对表面进行简单清洁，并且上蜡维护。

由于直角雕花围栏的接口处为互相搭接的构造，因此补配顶部蝙蝠头时要顺着原有的搭接构造一半一半补接（图 13-8）。取材易于雕刻的针叶林木桧木进行雕刻补

图 13-7　雕花松动起翘

图 13-8　补配缺失部分

配。大致形状雕刻出后，用鱼鳔胶将其与原有木材黏合，待干燥、牢固后，对比参照其他蝙蝠头原件，进行精细雕琢（图13-9）。最后，随色做旧，由于是后期补配的物件，便可以用快捷便利的水性丙烯颜料在蝙蝠头上着色（图13-10）。

最后对木楼整体进行上蜡保养，注意避开金属、宝石以及玻璃部位。

机芯自木楼取出以后（图13-11），通过团队人员讨论研究，决定采取除尘、拆解、清洗、安装调试的方式进行修复。

首先要进行揭板工作。揭板工作之前，必须将钟盘、前后夹板外部的各个零件全部取下来。钟盘的取下方式是先将钟表指针上的销子取下，将分针、时针取下来。之后将钟盘连接机芯的四个销子冲出，取出销子，即可以将钟盘整个取下。钟盘的背面连接了月相盘和日历盘，这两个零件也是通过销子连接的，可以将销子冲出，取出这两个零件。

下一步，要取下夹板前后两面的各个零件。在背部，要将钟摆取下，用螺丝刀

图13-10　蝙蝠头补配完成

图13-11　机芯取出

拧松钟摆支架，使用一小竹签抵住皇冠轮，取下钟摆。这时，由于小竹签的存在，皇冠轮不会快速转动，之后，可用一小纸条拴在皇冠轮上，使其旋转放劲儿。背面左侧是本件钟表的经典设计，即闹铃。先将钟铃整体取下，将其所固定的螺丝或销子分别取下，即可将整个闹铃系统全部取下。钟表机芯前夹板外部基本上都是控制闸杆，这些闸杆也多是由销子固定在夹板上的，使用冲子或钳子将销子取出，按照先后顺序，将所有闸杆一一取下。在取下时山子后，钟锤即开始转动，此时可以等待其放劲儿全部完成。等两盘发条放劲儿全部完成，即皮弦全部缠绕到发条盒上以后，则可以进行放备劲儿的工作。使用钟表钥匙，控制住背轮一侧发条轴，拧松千斤上的螺丝，正向施力，反向送齿，回顶千斤，如此反复，直到发条轴上的力量全部卸掉为止，这时，盘绕在发条盒上的皮弦也已经全部放松了。此时，要记住反向所送齿数，以便之后安装的时候，按照此齿数进行备劲儿。

之后揭板，用锤子和冲子冲出夹板上的五个销子，即可抬起夹板。将夹板内部的零件按路分别取出，进行修中拍照记录（图13-12）。然后，进行零件的清理工作。清理主要分两种，鎏金材料要使用洗金水清理，之后用清水冲洗，再用烘干机烘干至发烫即可；非鎏金材料要使用煤油进行清理，清理过程中要注意除锈，除锈可以使用铜刷或砂纸，全部清理完成后，也要使用煤油再次清洗，然后用烘干机烘干至发烫，至此，机芯零件的清理工作即告完成。

之后要进行合板，将零件按路一一摆回原有位置。在此之前，要将皮弦全部缠绕在发条盒上，最后一股要压在前面几

图13-12　揭板完成

股下面，这样的安装方式可以保证合板以后皮弦的正常工作。将前夹板盖在后夹板上，此时要注意各个轴尖都进入轴孔之中，试活动各个齿轮的框量，有一定框量则表示安装是恰到好处的。待所有齿轮轴进入轴孔后，再使用冲子将销子销入前甲板，完成合板，注意合板后要使用钟油对轴孔进行润滑。之后，将机芯竖置进行备劲儿，仍旧使用钥匙持住背轮处发条轴，正向用力上劲儿，拨动千斤回顶，此时整路齿轮开始转动，即刻对发条盒上的皮弦进行位置调整，保证其均匀分布合理。待皮弦全部缠绕到发条盒上时，再按照放劲儿的齿数完成备劲儿，拧紧千斤螺丝，即完成合板的全部安装工作。

合板后，安装前面板上的各个闸杆及背面的闹轮、钟铃及钟摆。在安装闸杆时，首先是要注意闸杆的先后顺序，其次是要注意某些零件上的安装符号，对位安装，才能保证打点的正确性。安装完成后，上弦进行试验，本件钟表的打点和走时功能均可正常进行，之后安装前面板，将销子销入孔内，之后要将闹时盘安装好，安装时要使其上面的小销子插进后部 U 形零件的孔内，最终安装时针、分针，经调试，其所有走时、打点、闹铃功能均可正常使用，则此钟表机芯修复完成。

修复后，对机芯进行修后拍照。将机芯通过两铜杆连接装入木楼内，再对钟表整体进行修后拍照记录，则完成全部修复工作（图 13-13、图 13-14）。

图 13-13　修复后背面

图 13-14　修复后正面

十四

铜鎏金椭圆形表

此钟（图 14-1）由于经年存放及油污油垢影响，已经无法走时，其外观需进行除尘。此钟是以游丝作为擒纵系统的桌上时钟，其快慢针左右调节跨度较大，通过调节快慢针，其针根部的金属定位环会相应调整游丝的长度，从而调节钟表走时的快慢。轻旋后盖（图 14-2）右侧的旋钮，打开后盖，可见钟表机芯背面的擒纵系统，游丝等零件均保存完好（图 14-3）。

接下来进行机芯的拆解工作，其步骤较为简单，首先，取下背面钟壳上的螺丝（图 14-4），取下钟壳后盖，此时，需按照原有位置将螺丝拧回螺孔之中，以修复技艺来说，称为将螺丝"还回去"，其意义在于这些钟表螺丝的制造年代尚无标准件的概念，一个螺丝对应一个螺孔，甚至有些螺丝螺杆长度或形状均不相同，如

图 14-1　修复前正面

图 14-2　机芯后盖

图 14-3 机芯游丝部分

图 14-4 背面钟壳螺丝

不一一对应地将其还回去，则有可能导致在安装调试时无法完全拧紧或根本无法拧上。对此钟而言，其背面钟壳有一定弧度，每枚螺丝均按照其钟壳弧度进行加工，其螺帽倾角不同，所以此步必不可少。

钟壳取下以后，将夹板上的两枚螺丝取下，然后机芯整体便可自钟壳取出（图14-5）。将钟表支腿（图 14-6）上的螺母取下，则上部钟壳也可同时取下。

之后，要对机芯进行拆解。先将表盘

图 14-5 取出的钟表机芯

上的分针、时针取下，将上下左右连接机芯的铜销子一一冲出，则可以将珐琅表盘取下（图14-7）。

之后，将机芯正面的时、分轮分别取下，转到机芯后方，使用小手钳进行放弦。由于本件钟表机芯比较小巧，没有合适的钟表钥匙用于放弦，所以改用小手钳。将手钳加紧发条轴，用螺丝刀放松千斤螺丝，向上弦相反方向抬起千斤，一点点放掉发条中的备劲儿。由于此件机芯体量很小，机芯发条中的备劲儿也不大，仅

放掉几个背轮齿轮后，芝麻链即处于放松状态，即完成了放劲儿工作（图14-8）。

取下千斤和背轮后，接下来要特别注意地取下钟表走时的核心部位——游丝。游丝是十分精密的零件，其平面度与平整度等都有极高要求，在拆卸或安装时要分外小心，不能使游丝产生变形，否则会导致机芯无法走动计时。将游丝背扣上的螺丝取下，拿走游丝背扣，使用小镊子，将游丝从快慢针槽中取出，再使用小尖嘴钳，将游丝销子取出，继而可以将游丝取

图14-6　支腿

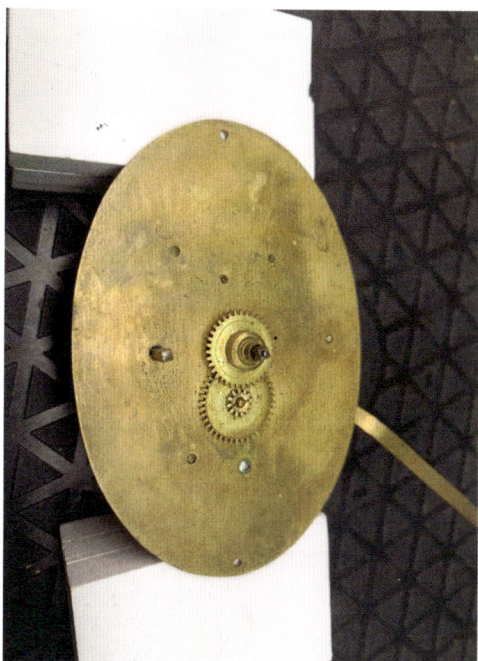

图14-7　取下表盘的机芯

图 14-8　放劲儿完成的背轮

图 14-9　游丝取下后

下，翻转平放，以保持游丝的平面度（图14-9）。最后，将固定快慢针的三个螺丝取下，取下快慢针（图14-10）。

以上，将机芯夹板前后两边的所有零件取下以后，则可以进行揭板工作。将夹板上的四个铜销子一一冲出，即可揭板。此件钟表功能简单，板内齿轮较少，将所有零件及齿轮一一取下后，摆放整齐，进行修中拍照（图14-11、图14-12）。

此时，此钟的拆卸工作已经全部完成，之后进行零件的清洗工作。将机芯内零件一一置入煤油盆中，调节超声波清洗时间，一一对零件进行超声波煤油清洗。所有零件经过清洗后，再手工对其上顽固污迹进行清除，使用细砂纸及油布，将超声波清洗后的零件进行手工打磨，打磨清理后，使用吹风机将上面的剩余煤油烘干，之后使用油布擦拭。

之后，要对外壳零件进行清洁。对于所有铜鎏金零件，都要使用洗金水进行清理，清除上面的氧化痕迹及灰尘，之后进行清洗、烘干。对于红绒布，使用超细纤

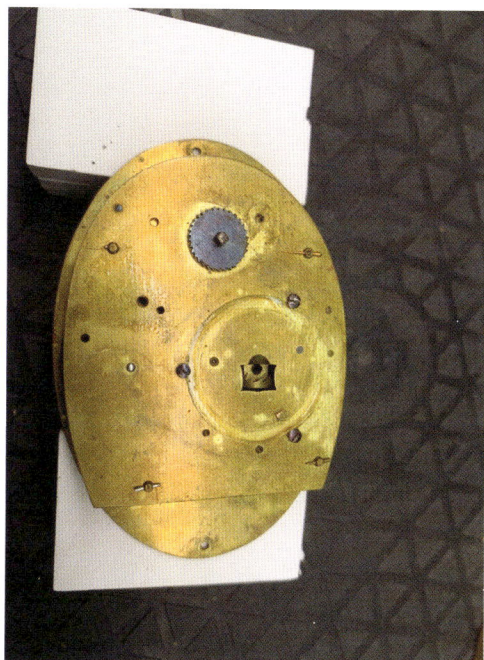

图 14-10　快慢针取下后

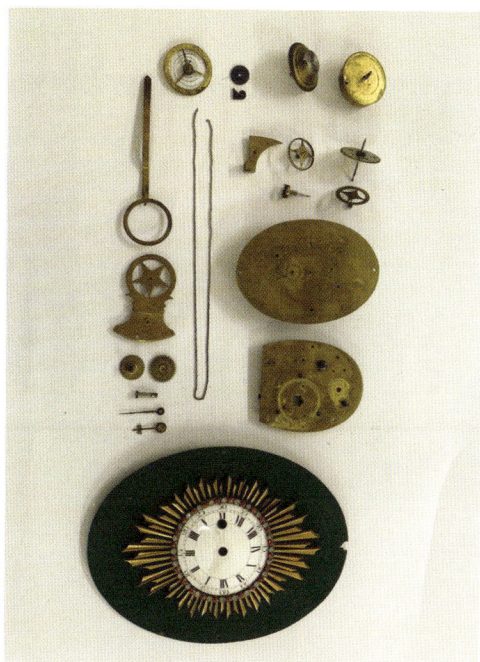

图 14-11　机芯零件

图 14-12　外壳零件

维文物清洁布进行擦拭。在清理的过程之中，发现三组鸟腿底座并不平整，使用钳子打开较短的支腿，置入垫片，重新拧紧，使三组支腿恢复平整（图14-13）。

所有零件清洁完毕后，对机芯进行组装调试。在合板之前，要先将芝麻链的活动度进行处理，在小台钳上，将芝麻链的每一节节点都活动开，保证将来工作时的柔韧性。在合板时，需注意的是，将擒纵轮先安装在夹板上，这导致在安装擒纵轮及三轮的时候其轴孔会产生一定的干涉，加之轴尖十分细小，故在合板时要十分小

图14-13 底部

心。合板完成后，要调试各个齿轮的灵活度，如皆无问题，则可以上销子，完成机芯的安装。之后，要安装游丝，其方法是拆卸游丝的逆向步骤，这时还是要注意游丝的形变问题，保证其各项平整度等。游丝安装好后，试上弦，发现机芯走时功能完好。再将表盘安装到机芯上，安装好时针、分针，即可完成对此件钟表的机芯的全部修复工作。

之后，将机芯安装进机壳之中，将机壳安装到支架上，上弦，测试，其走时完全得以恢复，之后拍摄修复后照，此件钟表的修复工作全部完成（图14-14）。

图14-14 修复后正面

十五

嵌白石座自鸣钟

此钟（图 15-1、图 15-2）擒纵方式十分新颖，整个钟表的运转形式灵动中兼有稳重。此钟功能较为简单，即走时、打刻与打点，由两盘发条控制，一盘发条负责走时功能的动力输出，一盘发条兼具打刻与打点的动力输出。此钟特色为其走时原理，也是避暑山庄博物馆馆藏唯一的一件下摆钟。下摆钟，顾名思义，是利用钟表机芯本身的自重作为摆锤，整座钟表由摆杆吊起，左右轻微摆动，从而带动走时功能。

本件钟表在搬运时要格外注意，必须

图 15-1　修复前正面

图 15-2　修复前侧面

将钟表从支架上取下，否则在移动过程中，很有可能造成钟表擒纵轮上的小销钉折断，就会破坏钟表走时功能。钟表自支架上取下时，留意顶部支撑块不可丢失，因为此支撑块不与任何零件相连，而且尺寸较小，却保证了钟表的悬摆运动。

由于钟表是圆形结构，保证其平放的稳定性十分重要（图 15-3）。在拆卸时，首先要把钟表机芯取出。将上部的摆杆螺丝拧下，将摆杆取下，之后，观察机芯外壳，发现两侧的月桂叶装饰下隐藏了固定

螺丝，钟表底部还有一处固定螺丝，将其全部取下，即可解除外壳与机芯。

取出机芯需先将钟表前、后表蒙打开，从机芯后部外推，然后从前部将机芯取出。前表蒙的连接螺丝与合页，是阻挡机芯取出的一处障碍，需将螺丝拧下，向前轻推机芯，同时将摆杆慢慢取出，即可顺利将机芯取出（图 15-4）。

表盘上的秒针可直接取下，分针由一 O 形销子别住，将销子旋转 90 度，即可将销子取下，继而取下分针、时针。时针由套筒直接套接主轴之上，分针通过一五边形孔配合连接。五边形孔是具有方向性的，分针只能按五边形的一个固定角度安装，其余的边是不能安装上的，这一点比较重要，因为其方向决定了打点打刻的方向。取下指针后，将珐琅表盘后的四个销

图 15-3　机芯

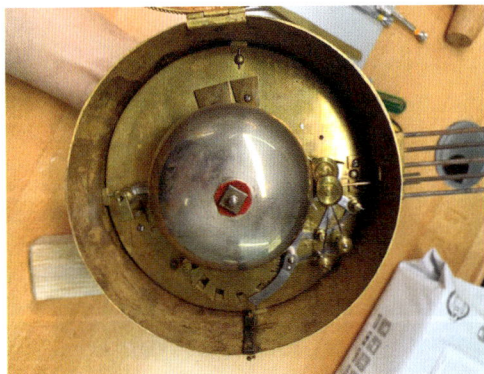

图 15-4　取出后机芯

子冲下，即可取出表盘。

表盘取下后，则要将机芯前部、后部的各个零件取下。前部是时轮、分轮及控制钟锤打点的异形块等零件，一一将销子冲出取下或直接取下。前部还有背轮及千斤，由于本件钟表没有塔盘轮结构，所以只要进行放劲儿即可。将千斤螺丝拧松，使用钥匙一齿一齿放松背轮，直到卸除发条内部所上的劲儿即可。后部零件有钟铃、闸杆等，亦需拧松螺丝或冲出销子，一一取出（图15-5、图15-6）。至此，可以进行揭板工作。

揭板时，将夹板之间销子旁边的挡板全部拧下，再将板上的五个销子冲出，将夹板上的一个螺母拧松，即完成了两夹板间全部链接处的解除工作。揭板时，取出内部齿轮及发条盒（图15-7）。观察发条盒背面，有一止弦轮，防止上弦过满。全部零件拆卸完成后，拍摄修中照片，之后进行零件的清洗工作（图15-8）。

零件清洗分成几类：洗金水清洗、煤油清洗、除尘布擦拭等。

首先，此钟的木底座和白石底座，需用除尘布进行擦拭。其次，对于铜鎏金或金质零件，如外壳、里拉琴造型支架、钟表指针等，需用洗金水细致地进行浸泡清理，使用鬃毛软刷进行表面污渍的清除，之后立刻使用清水冲洗，将表面的洗金水完全冲刷干净。继而使用吹风机进行烘干，至表面微烫，保证其内部完全烘干。最后，对铜质零件、钢质零件使用煤油进行清洗。先将零件放置于超声波清洗机中，设定清洗时间为30分钟。对于锈蚀较为严重的钢质零件，在超声波清洗

图15-5　夹板背面

图15-6　夹板背面细部

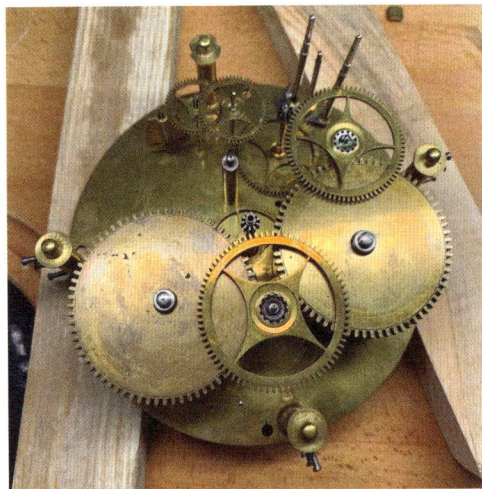

图 15-7 揭板完成

后，需用钢刷或砂纸蘸取煤油进行进一步的除锈清理，保证各个零件表面的有害锈全部清理干净。所有以煤油清洗的零件都需要用吹风机进行烘干。清洗后，拍摄修中照片。

本件钟表没有破损或零件缺失等问题，无须进行修补或补配工作，安装调试即可。

首先进行合板工作，将夹板内的各个齿轮及发条盒按照原位放入轴孔内，再将

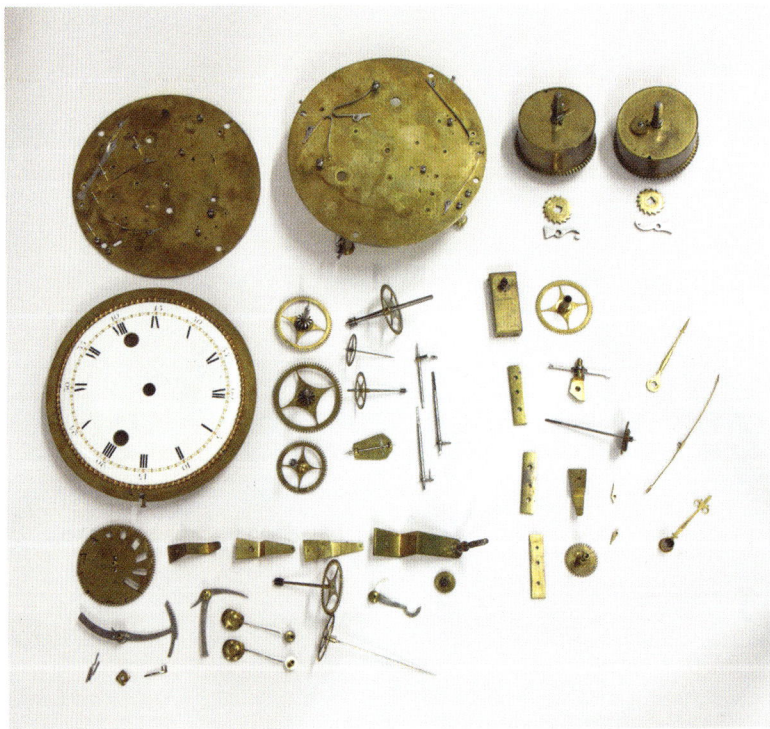

图 15-8 机芯零件

上夹板轻轻盖上，调整好各个轴头，使其全部进入轴孔之中，然后使用镊子轻轻上下活动每一夹板内齿轮零件，观察其活动框量，如均有活动框量且转动自如，即表明安装成功。需要注意的是，在放置发条盒时，要看准背面的止弦轮方向，保证止弦轮与条轴上的齿相配合，否则可能导致无法上弦。合板完成后，将五个销子销入销孔内，按照安装符号，安装各个销子挡板，将中央夹板柱上的螺母拧紧，即完成全部合板工作。

接下来，安装前后面板上的各个零件。这些零件之中，有些是方孔配合，在安装的时候，要对准安装方向。对于打点系统，如果在安装调试时产生支锤现象，则可以通过"倒方"的方式进行调整，具体来说，打点系统与时山子配合的拨齿零件为方孔连接，通过旋转此零件的安装方向调整拨齿零件，从而避免支锤现象。由于此钟的报时报刻共用同一零件，打点时，是一支钟锤击打，所以要将正面齿轮的凸起处安装对应于对面的报时缺口中，这样才能保证在打刻时是双锤动作、打点时是单锤动作。机芯全部安装完成后，在轴孔处加钟油润滑，进入调试工序。

调试时，正确安装分针五边形孔方向，上弦，如打点打刻均正常动作，则继续进行安装。此钟机芯悬置支架上时，才可进行走时调试。装上表盘，销上销子，安装时针、分针，上好 O 形销子，将机芯装入钟壳内，前表蒙同时装入侧面，拧好螺丝。再将固定机芯和钟壳的三处螺丝上好，将月桂装饰上好，并安装上部的悬挂装置。这时将钟表翻放，将钟摆反向插入上端钟壳孔内，再 180 度旋转钟摆，将钟摆安装在后夹板上。

最终，钟表整体安装完成，用镊子将顶部支撑块就位，再将整个钟表压挂在支撑块上，调整摆杆的角度，使其居中，轻推起摆，钟表即开始左右摇摆，正常运行。最后需要注意的是，调整秒针的弯曲角度，避免与分针或表蒙产生干涉。一切运转正常后，拍摄修复后照片进行记录（图 15-9），本件钟表全部修复完成。

图 15-9　修复后正面

十六

铜镀金漆地自鸣钟

此钟（图 16-1）收藏于承德避暑山庄
库房，因日常维护勤勉，外观状态良好。

修复前，先将机芯取出（图 16-2、
图 16-3），从擒纵系统可知，机芯的生产
年代距今有一两百年，为二套机芯，结构
的构思极为巧妙。相对此件钟表，晚期的
结构更加人性化，如擒纵叉、齿轮钉就为

图 16-2　修复前机芯侧面

图 16-1　修复前正面

图 16-3　修复前机芯正面

维修提供了诸多便利。

擒纵叉，类似于锚式擒纵结构（图16-4），但擒纵叉的制作比锚式擒纵叉更加牢固和沉重。锚式擒纵结构由英国博物学家发明于 1660 年，其后迅速取代了机轴擒纵机构。

齿轮钉，打点时需在定点处拨动闸关使打点关节运转，控制拨动走时打点的关节需要与控制时长的关节相对应，后期生产的钟表往往在每个关节处安装独立夹板，调试时省去了放弦开大夹板的工序，还使得点位对应得当，如若不然，此钟的对齿工作就十分不易。

此钟铜镀金表面有少量深色氧化物，

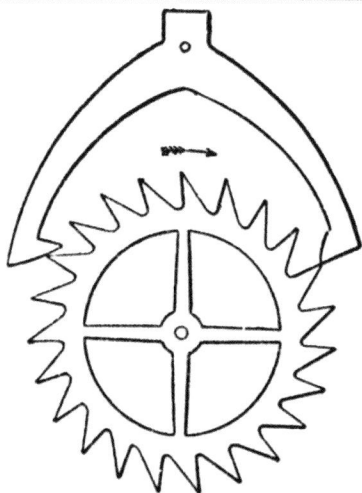

图 16-4　锚式擒纵结构

漆皮有些微龟裂。遵循最小干预原则，只做常规保护即可。采用文物级的专业除锈膏，通过化学分解和物理摩擦的方式，将黑色的氧化层去除。并施以少量钟油，以鹿皮摩擦至金属表层油润，由此形成的油膜可以阻隔有害气体和灰尘的侵蚀，起到保护、预防的作用。

在漆皮的修护上，先用潮布和专业除尘棉签将少量的浮灰去除，需要留意是否有松脱的漆皮或者脱落现象。我们选用了专业级的微晶蜡进行封护，操作完成后，漆皮整体呈现出温润丰盈的光泽。

在拆卸钟体之前，需要对整体结构有完整了解。将摆、钟铃和钟锤全部卸下后，发现机芯与钟壳仅在钟盘上以四个螺丝固定，导致此件钟表的壳、芯分离。通常，钟盘与机芯除用螺丝固着外，还需要贯穿柱，在夹板内插上销子加以固定。机芯取出后，进行拆解，机芯零件较少，但功能彼此紧密配合，反而要求更加严格的组装能力（图16-5）。

将擒纵叉卸下后，需要对钟表进行放弦。在此之前，需查验发条和齿轮的基本运转机能，先用钟油浸润每个轴孔，此时齿轮逐渐运转开来。齿轮通过自转放空发条的势能。

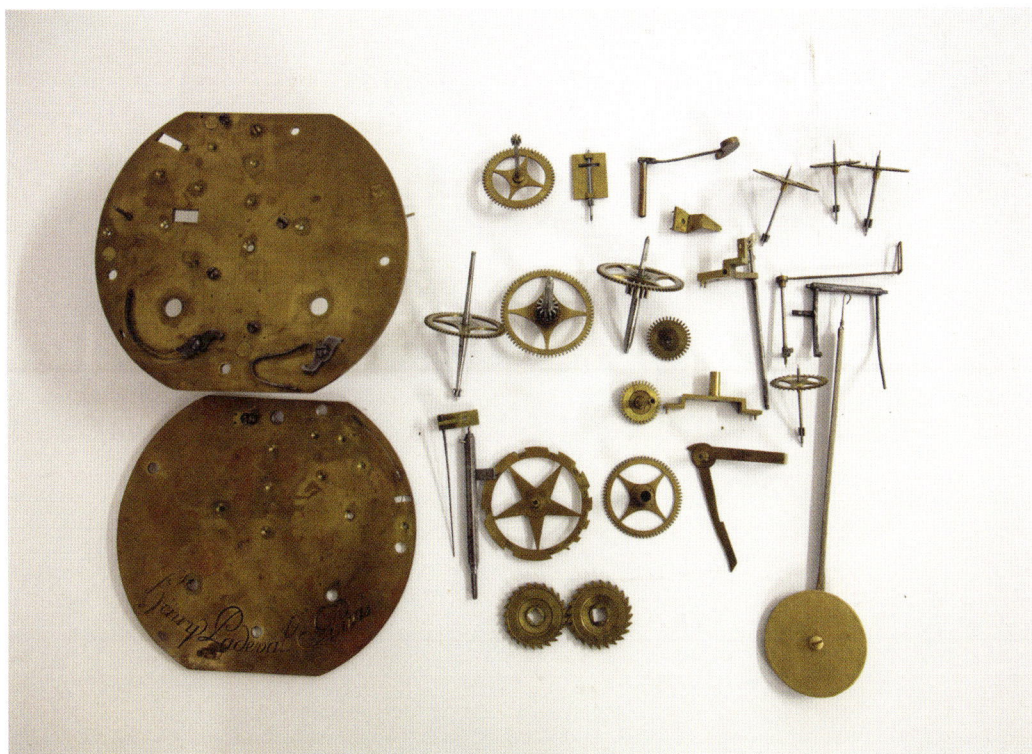

图 16-5　修复前零件拆解

　　将夹板拆开后，需查验擒纵轮的尖齿，看尖角是否舒展、是否弯折，清洗时选择软刷，将固着物去掉。尖部的高低不均会导致擒纵叉配合不稳，走时停顿或打齿，所以需小心处理。

　　发条是动力源（图 16-6），保证其柔润和顺滑对于走时质量来说非常重要，将发条无损盘出，将头部固定，拉住尾部，可见发条遍布斑斑锈迹和黏稠物，用砂纸蘸煤油边拉动边打磨，这样可以一边缓解发条受力一边清洗润滑，打磨后将发条盘进发条盒，随后将钟油倒入发条上，让其缓慢渗入发条缝隙中（图 16-7）。

　　发条盒底部有副轮，可以事先备劲儿，力度均匀。安装时，将发条入位后，盖后盒盖，将发条顺时针旋转几圈，将副轮卡主发条轴蓄力。准备装配齿轮及倒齿，这一步需先将所有齿轮都入眼、

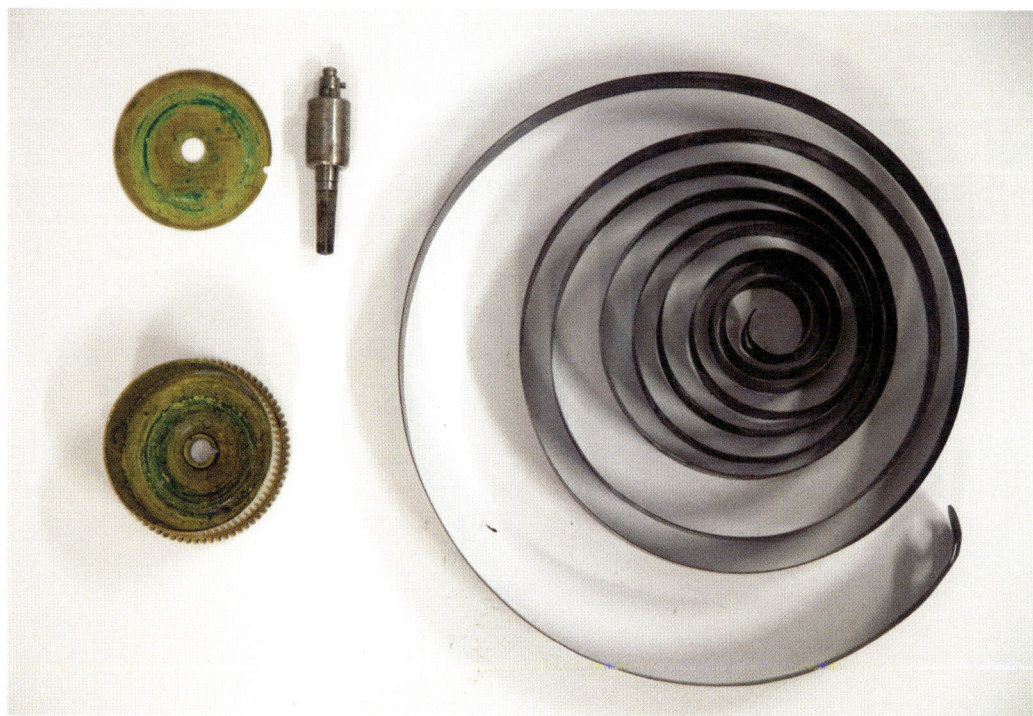

图 16-6　修复前发条

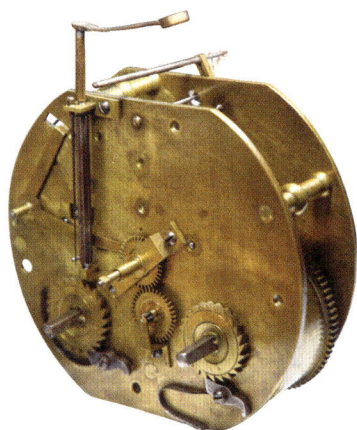

图 16-7　修复后机芯

盖板后，上弦运转，夹板只安装打点所需开关和闸口，以方便观察打点的规律（图 16-8）。

此钟，有轮片在夹板外控制小时打点，打点时长由轮片上的凹槽长度决定。功能上，除打点外，半点时有铃音，需有控制止打的齿钉在半点时拨动轮钉，轮钉转动一圈，控制整点的轮钉拨动音锤，两个带轮钉的齿轮定点卡位，同其他齿轮共同入眼，轮钉不能移动位置，以上为配合

图 16-8　修复后挂摆

十分紧密的步骤，完成此项工作需要多次试验。在倒齿结束后，将擒纵叉定点入位，由于没有摆动的簧片，需用绳子缠住摆头提供反作用力。

最后，完成此钟的修复工作，拍照记录（图 16-9）。

图 16-9　修复后正面

十七

铜镀金西洋人物画自鸣钟

此钟为铜镀金质，有银质花饰、嵌料石。铜镀金部分保存较好；银饰部分锈蚀严重，有断裂、锡焊痕迹。

此钟有走时、打刻、打点三套系统。机芯通过表盘周边的三颗螺丝与钟壳固定，机芯与钟壳空间紧凑。取出机芯前，需将后玻璃门和摆锤卸下。夹板外有三个钟碗，一个为整点报时，两个为报刻。走时和打点两套系统的皮弦断裂，整套系统失灵，打刻系统的动力完好，但由于油泥较多已经无法运转（图17-1、图17-2）。

表盘通过四个销子与机芯固定，取下表盘后可见机芯正面结构（图17-3）。由于走时和打点两套皮弦断裂，无法检验传动系情况。打刻发条处于有弦状态，先使打刻系统恢复运转，释放发条蓄力。对齿轮轴尖处添加钟油润滑，对风轮施加少量助力，待打刻系统将剩余发条跑完，对千斤轮进行二次放弦，直至皮弦松弛。掌握此件钟表的基本情况后，需制订修复计划、方案，准备拆解所需工具。

首先进行拍照记录，随后将夹板外部零件依次取下，检查有无变形、裂隙等。根据各部件之间的联动关系，设想机芯正常工

图 17-1　表盘　　　　　　　图 17-2　机芯背面　　　　　　图 17-3　取下表盘机芯正面

作时的状态，有助于之后组装调试机芯的工作。拆卸过程同时也是检查、了解的过程。

开启夹板（图17-4），观察皮弦断裂处，接近塔盘轮（图17-5）。皮弦是由多根羊肠衣加工而成，对新鲜羊肠进行清洗、去除杂质、脱脂、绷直等多道工序，上架合股，使其达到规定的尺寸标准。新加工完成的皮弦呈现浅褐色或暗红色，表面光滑、柔软且有韧性。此钟的皮弦虽然部分断裂，但其余部分状态尚可，可继续使用。对皮弦进行保守养护，恢复其柔韧性，将其断处重新与塔盘轮相连。

至此机芯已经全部拆卸（图17-6、图17-7），将所有零件反复用煤油浸泡、刷洗直至去除油泥、铜锈等杂质；再用设备烘干。煤油清洗是传统方法，可温和地去除零件上的污垢，并形成一层保护膜，对零件的防锈有较好效果（图17-8、图17-9）。

清洗完毕，进入机芯的组装调试阶段。组装过程需要反复确认每个齿轮的余量，是否可以在夹板间自由运转，以确保齿轮的安全。机芯组装完毕，对发条进行备劲儿。考虑到皮弦曾经断裂，备劲儿时采取保守策略，根据机芯运行情况逐步加力，控制刚好满足机芯运转的力道即可，以减少皮弦承受的拉力。通过对走时、打点、打刻三套系统的联动调试，恢复了机芯全部功能。

图17-4　开启夹板的机芯

图17-5　断裂的皮弦

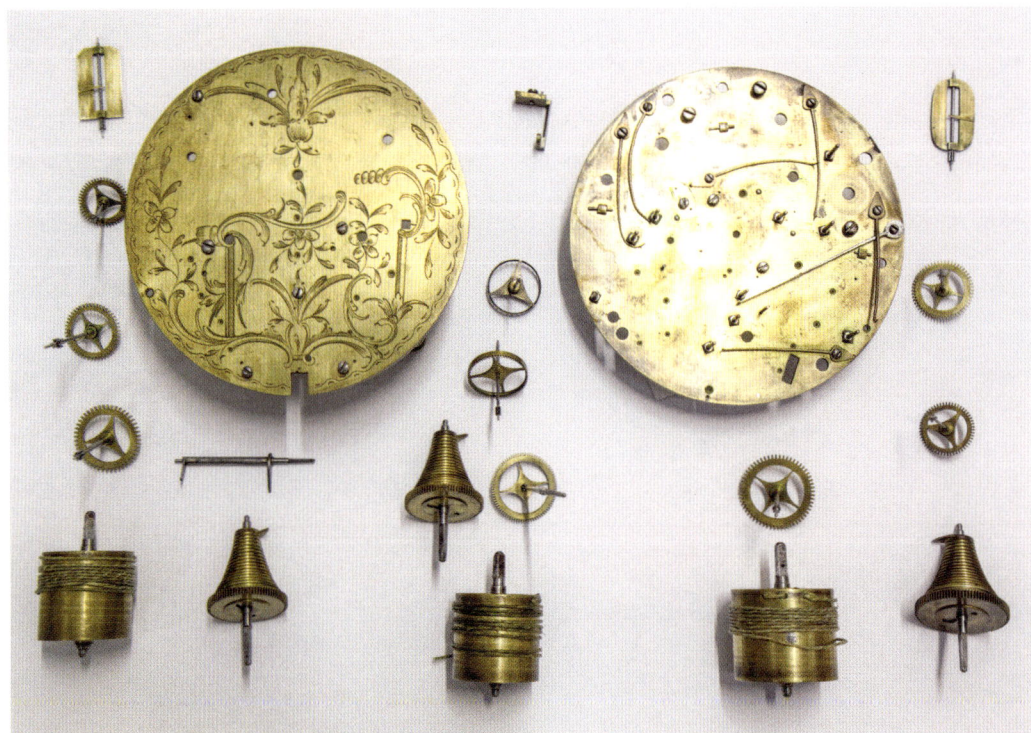

图 17-6　拆卸后的板内机芯零件

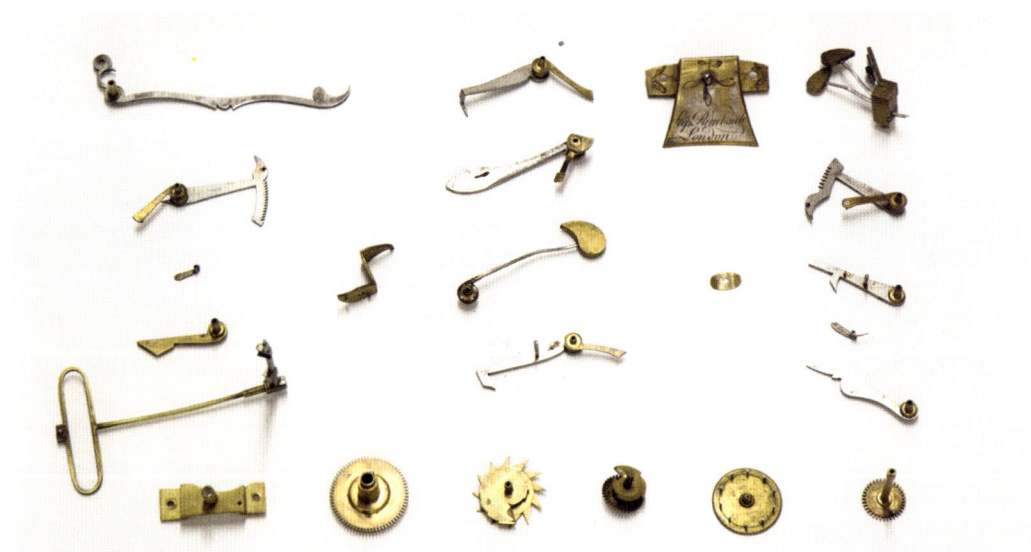

图 17-7　拆卸后的板外机芯零件

图 17-8　机芯正面清洗前后对比

图 17-9　机芯背面清洗前后对比

经过测试，走时系统运行良好，打点、打刻系统工作正常（图 17-10）。

机芯调试完毕，接下来需要养护外壳，此钟外壳状态基本完好，采用专用试剂对铜镀金部分进行清洗并烘干，对锈蚀严重的银饰件进行除锈。在处理过程中发现银饰件锈蚀程度不一，严重部分附着一层不明物质，推测为曾经锡焊修复过程中留下的杂质，加速了银的锈蚀，本次养护对锈蚀严重的部位进行除锈处理（图 17-11、图 17-12、图 17-13、图 17-14）。

机芯与钟壳分别修复、养护后，进行最后一步——组装，至此这件铜镀金西洋人物画自鸣钟修复完成（图 17-15）。

图 17-10　修复完成的机芯

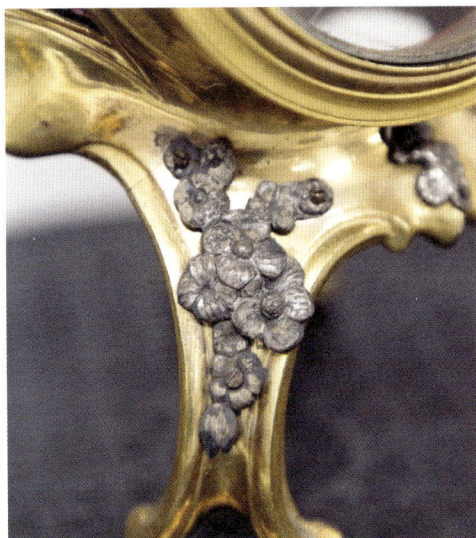

图 17-11　腿部银饰件除锈前

图 17-12　腿部银饰件除锈后

图 17-13　正面银饰件除锈前

图 17-14　正面银饰件除锈后

图 17-15　修复后正面

十八

铜镀金异兽葵花形玻璃镜表

此钟整体分外罩、钟体和妆匣三部分，外罩为铜镀金四边台形，前后有门，罩内衬暗红色绒布，罩下四足内卷蜷曲，轻曼中不失刚劲稳定（图18-1）。表盘为大明火珐琅盘，盘上有上弦孔，外设玻璃防尘罩，防止落入灰尘，延长钟表的使用寿命（图18-2）。

机芯有金光闪闪的铜鎏金质地夹板，精美的Z字形镂空雕花摆轮防护夹板，夹板轴承仅有一枚红宝石轴眼，说明制作年代的久远。擒纵系统为冠状轮及游丝摆轮，游丝摆轮距今已有三百年，右侧有小轮调节摆幅快慢。夹板后方有两串数字——"10711"和"6031"，推测其为经销商的产品号或是制作方的产品号。从夹板上的雕花文字可知，机芯为英国制造，

图 18-1　修复前整体

图 18-2　修复前细部

英国人在钟表的发展史上做出了非常大的贡献，英国的怀表不仅造型独特、精美，而且擒纵系统也是英国人发明的，包括工字轮擒纵、杠杆擒纵、丁字擒纵以及天文擒纵等（图18-3、图18-4、图18-5）。

框架松动、不稳，多是因为在冷热干湿变化的环境下，应力发生变化所产生的老化现象，为保证其稳定性，采用文物级别的腻子进行加固。由于玻璃罩的保护，壳体只需简易除尘，并施加保护层即可。表盘蒙子脱落，使用胶粘剂复粘于上。绒布面的修护，采用专业的胶泥粘除附着物。

由于夹板上的大部分螺丝做了烧蓝处理，所以在拆卸螺丝的过程中需要非常小心，划伤会使螺丝出现不可逆转的伤害，拆卸摆轮夹板后，进行放弦，随后依次将零件拆卸。发条部分也是经过烧蓝处理的，拆卸时避免意外划伤和磕蹭。

所有零件用汽油浸泡，用毛刷刷洗表面和孔隙固着的油泥和锈蚀，顽固部分需用镊子刮掉或用细砂纸轻轻打磨至光滑（图18-6）。

清洗完成后，开始装配发条，将发条钩头部打磨光滑，搭油，后手握夹板准备装配，依次放置发条盒，将链条缠在塔

图18-3　修复前表盘

图18-4　修复前机芯

图18-5　机芯夹板背面

轮上，配中心轮和码轮，即可盖板。盖板后，将链条一侧与发条盒侧面钩住，上弦调试，运转正常后，在轴眼处搭油，随后在侧面安装冠状轮，用皮囊吹气，使冠状

图 18-6 全部零件清洗后

轮飞速旋转，然后安装游丝摆轮，需注意游丝的舒展程度，一定要调试均匀，安装后轻柔盖板。随后将游丝塞入夹板的空隙，插入销子固定游丝，至此可进一步确定摆动情况（图 18-7、图 18-8）。

上满弦观察走时状况，满弦状态可走时一天，说明此件钟表是日上弦钟。若走时有偏差，可调节摆轮旁的快慢针盘，调整摆幅大小，控制走时快慢。最后，入壳归位，完成此件钟表的修复工作。

图 18-7 修复后表盘

图 18-8 修复后机芯正面

十九

铜鎏金花边镜表

此钟日常维护勤勉，状态良好（图19-1）。类似镜表在故宫博物院亦有收藏，如铜镀金料石花镜嵌表。

此钟的机芯是一件非常精巧的怀表机芯，使用冠状轮擒纵系统，设计构思沿用传统坐钟的结构特点，说明此钟为座钟向怀表过渡时期的产物。其制作者马丁流传于世的作品非常少。此件机芯历经多次维修，在制作工艺上，夹板处的雕花工艺非常精湛，摆轮处的Z形雕花结构精细入微，轴孔处未见宝石轴承，这也说明了制作年代早于大部分怀表机芯（图19-2、图19-3）。

图 19-2　修复前表盘

图 19-1　修复前正面

图 19-3　修复前机芯

修复前，对此钟进行拍摄，从多角度记录其外观的状态。修复工作先从外观的修护开始。

首先，以潮布擦拭框架，除掉表面的浮灰和附着物，之后将蒙子、镜面和绒布进行清洁。铜鎏金细部需要使用专业的除锈膏擦拭，直至黑色氧化层全部消除。用文物级的抛光布蘸取少量钟油，进行抛光处理，至铜镀金表面形成一层薄薄的油膜（图19-4）。值得一提的是，常规的办法都是形成油膜进行保护，但是油膜在灰尘较大的情况下，反而会吸附灰尘。所以，古钟表附着油膜后，还应做好日常的维护，避免放置于灰尘较大的环境中。

接下来开始拆卸工作。此钟没有上弦用钥匙，上弦孔狭小，而发条力度又比较大，这给修复工作制造了不小的困难。首

图19-4　修复准备

先，取针器用保鲜膜附着，将时针、分针取下，再将小三针盘的秒针取下，即可卸下表盘。

接下来，将固定摆轮的夹板取下，固定夹板的蓝钢螺丝应注意避免划痕，用保鲜膜附着，在拆卸游丝摆轮时，应先将固定夹板与游丝的销子取下。摆轮右侧是快慢针盘，去掉销子将其拆下后，下方为背面具有小钢轮的夹板，记录三个螺丝的位置。将弦放空，由于齿轮轴眼有厚重的油泥附着，所以齿轮转动缓慢。完全放空后，将夹板打开，发现内部污油严重。所有零件用汽油浸泡，并用软毛刷刷洗（图19-5、图19-6、图19-7）。

所有零件清洗完成后，准备组装，用细砂纸棒打磨发条钩的钩头，降低摩擦，由于发条调轴处的钩齿非常小，应注意避免脱钩。将发条盘入、搭油后合盖，发条盒上有一小轮片，与下方可转动的长条螺丝配合上弦使用，盘面无上弦口。手握一侧夹板，将发条盒放入，检查塔轮灵活性，由于没有上弦钥匙，所以将链条盘在发条盒上，将中心轮、过轮、码轮安装后，均匀盖板，随后将链条钩钩入塔轮上的孔隙，用镊子转动上弦轴，齿轮迅速运转，说明齿轮及动力系统的基本功能没有

图 19-5　修复前夹板

图 19-6　修复前机芯细部

图 19-7　拆卸零件

损伤。由于发条盘在了发条盒上，所以需要借用发条和齿轮系统的相互作用力将链条过渡到塔轮之上，再进行备劲儿。

随后在侧面安装冠状轮机、冠状轮夹板，用皮球吹气，冠状轮飞速旋转。随后安装小钢轮夹板，将轮片扣在夹板之上，迅速翻转位置准确地扣在机芯夹板上，安装螺丝。随后，检查游丝，游丝需要极其舒展，保证每一圈均匀分布，将摆轮入眼

后盖夹板，轻轻晃动，当听见"噗"的一声时，即轴尖入眼，随即按紧轴眼，固定螺丝，将游丝穿进夹板上空隙，插上极细的销子，上弦。若擒纵系统可以正常工作，进入调试阶段。

调试时间后继续观察，次日发现，经过 24 小时不间断运转，时间相差一分钟左右，证明走时系统恢复了全部技能，便可入壳，完成全部的修复工作（图 19-8）。

图 19-8　修复后正面

二十

铜镀金座钟

铜镀金座钟（图20-1、图20-2、图20-3）依靠机芯内的三个动力源完成工作，主要功能有走时、整点音乐报时、整点打钟碗报时，还有日历、静音及问点等功能。问点功能，指拽动钟表旁侧的绳子，开始报时的表演。

此钟从背部发条进行上弦，机芯中间的上弦手柄负责走时发条，上弦后带动机芯完成走时功能。座钟后左侧的上弦孔为音乐发条轴柄，上弦后带动刺滚子，由刺滚子拨动钟锤敲打七个响铃。此钟整点时弹奏音乐进行报时。座钟后夹板的左侧上

图20-1 修复前正面

图20-2 修复前背面

弦孔轴柄为报时条盒轴柄，上弦后带动报时系统整点打碗报时。正面钟盘右上方小盘为日历盘，指示当天日期，由走时系统带动其转动；而钟盘左上方小盘为静音指示盘，控制整座钟表整点报时或静音。

　　此钟保存情况良好，修复过程比较简单，主要步骤为拆卸、清洗、拍照、组装、调试，完成修复。修复时，首先要了解机芯与外壳的装配关系，将其外部固定机芯及外壳的螺丝取下，将外壳上、下两部分分离，然后逐层将外壳去除，将机芯取出（图 20-4）。此钟机芯取出方式在诸多古钟表之中较为特殊。机芯取出后，要对其修复前情况进行拍照记录（图 20-5、图 20-6、图 20-7）。

　　钟盘背部是控制闸杆部分（图 20-8），用以控制钟表的正常运转与正确打点，机芯背面有钟摆等零件控制钟表的走时。在拆卸时，先要将正面钟盘的各个指针取下，之后取下固定钟盘用的铜销子，冲出铜销子以后，将珐琅钟盘整体取下。

　　观察发条上弦情况，轻轻旋松固定发条千斤的螺丝，对三盘发条进行放劲儿，直到发条盒内所蓄积的所有动力全部释放完成，进行下一步的揭板工作。

图 20-3　修复前侧面

图 20-4　机壳拆完状态

图 20-5　机芯取出后正面　　**图 20-6　机芯取出后背面**　　**图 20-7　机芯取出后侧面**

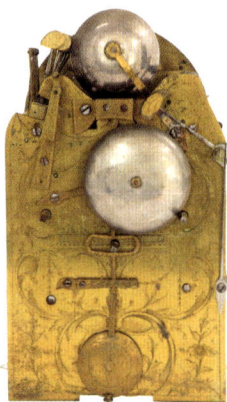

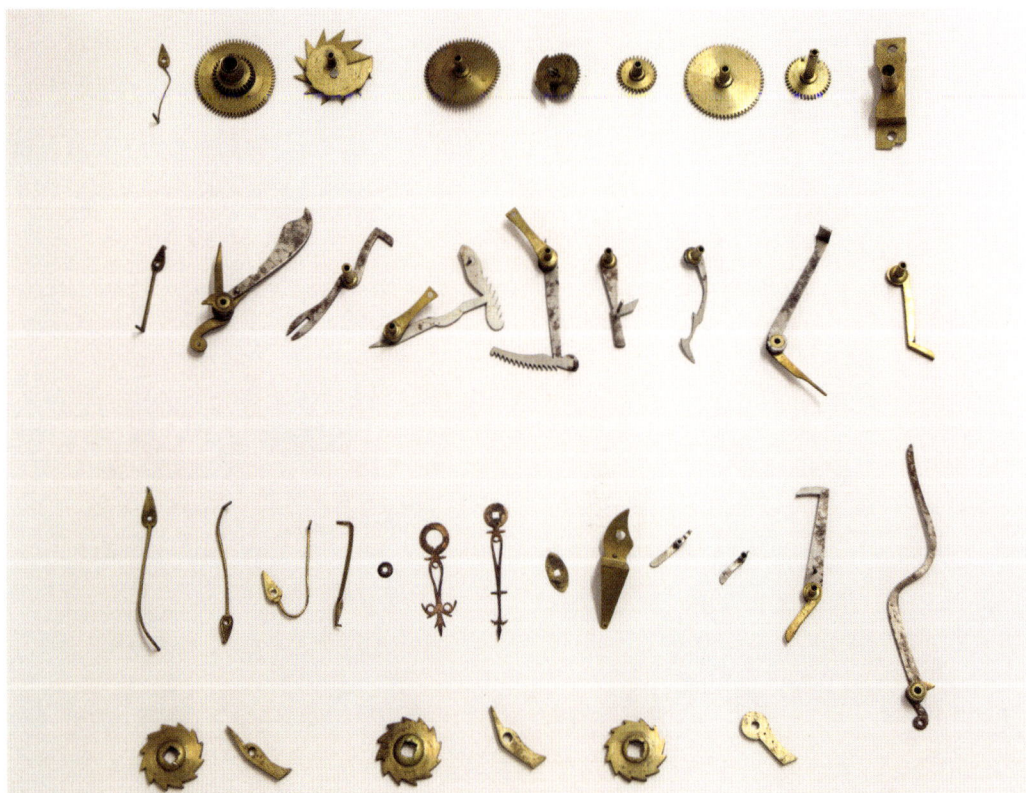

图 20-8　闸杆

将固定机芯夹板的几个铜销子全部冲出，即可将机芯夹板揭开。冲销子时需注意，机芯夹板正面的所有圆柱形销柱都是机芯夹板销子，而方柱形销柱都是发条盒止弦销子，此步只应冲出圆柱形销柱的销子。

揭板后，将机芯内部的各路零件全部取出，一一摆放整齐，进行拍照记录（图20-9）。之后，使用煤油对各个零件进行清洗，保证其上的脏污、油泥、有害锈等全部清除掉，使用砂纸、铜刷、棕刷等进行清理。全部清理完毕，应再将全部零件摆放整齐，进行修中拍照记录（图

20-10）。

接下来进行安装调试工作。安装时，第一步是合板（图20-11），合板过程中，要注意各个齿轮等零件的轴全部完好进入夹板上的轴孔之中，使用镊子上下轻移各个齿轮，应保证各个齿轮都有上下活动的余量。遇到难以完成合板的情况，需确认夹板上还回的螺丝是否拧入过深，或发条止弦与芝麻链产生干涉所致。如均无问题，且所有零件都活动自如，则可将销子销入，完成合板。完成合板以后，在各个轴眼处上油润滑。

之后将机芯立放，将芝麻链缠绕至张

图20-9　音乐钟铃

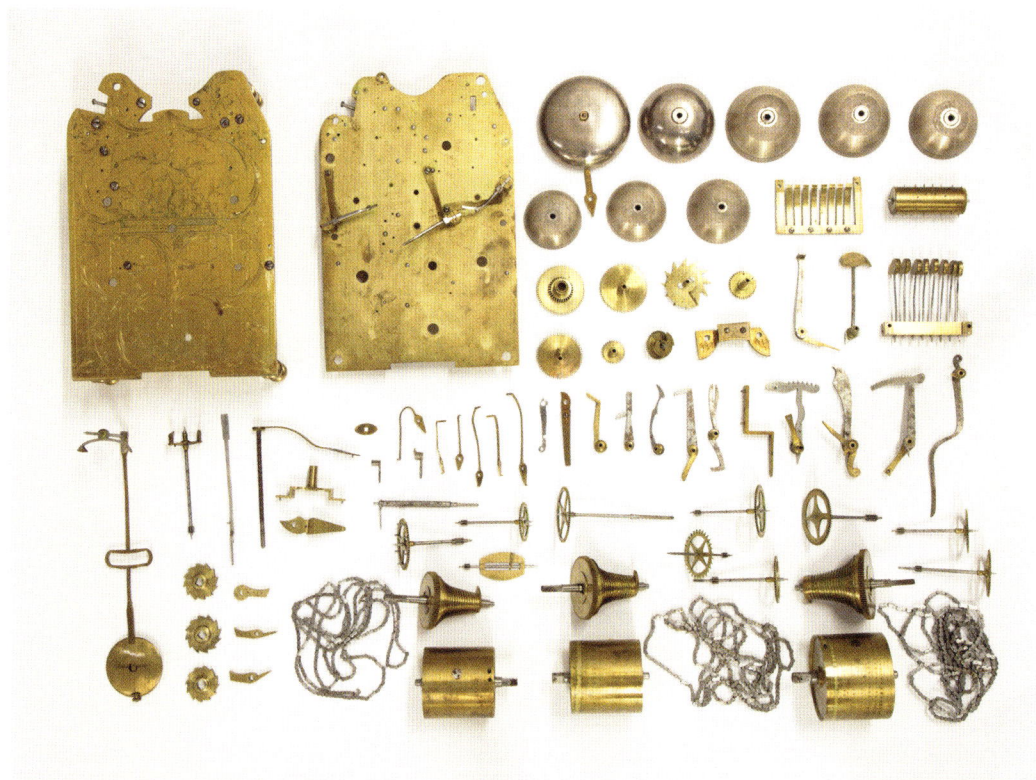

图 20-10　全部零件清理完毕

图 20-11　准备合板

紧状态，在发条轴上加力，旋动背轮，一步步增加备劲儿，待所有发条芝麻链全部缠绕到发条盒上，再将背轮备以原有齿数的备劲儿，将千斤上的螺丝拧紧，三盘发条均如此安装，即可完成机芯内部的安装工作。

之后要将机芯正、背两面的所有控制闸杆和钟碗、钟锤等零件安装好。在安装闸杆时，一是要注意安装的内外先后顺序，不要使其产生干涉，必须安装到位；二是要注意中心轮等位置是否按照安装定位符号安装到位；三是检查各个闸杆的销子是否安装好，在销子缺失时，还要重新锉好销子完成安装。待所有零件全部安装完成，使用分针进行打点测试。如一切无问题，则完成机芯的安装。

将机芯正面钟盘安装好，三盘发条上弦，起摆，进行走时及打点的功能测试。通常此项测试工作要持续一天。

将机芯置入钟壳内，再由内到外将机壳安装完成，此时，因为钟壳的安装有可能还需调整，所以要再进行一遍走时打点音乐功能测试，如一切功能正常，进行修后拍照记录，完成全部修复工作（图 20-12）。

图 20-12　修复后正面

二十一

白石座自鸣钟修复图

图 21-1 修复后正面

图 21-2 修复后机芯装入壳体

图 21-3 修复后背面

图 21-4　走时机芯拆解

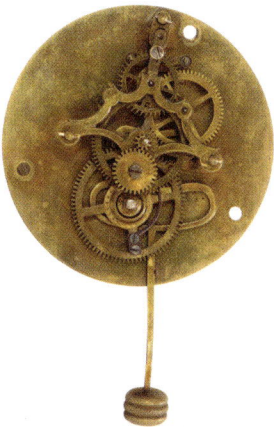

图 21-5　修复后机芯正面

图 21-6　修复后机芯背面

二十二

铜镀金狮子表修复图

图 22-1　修复后正面

图 22-2　修复后背面

图 22-3　走时机芯装入壳体

图 22-4　清洗后零部件

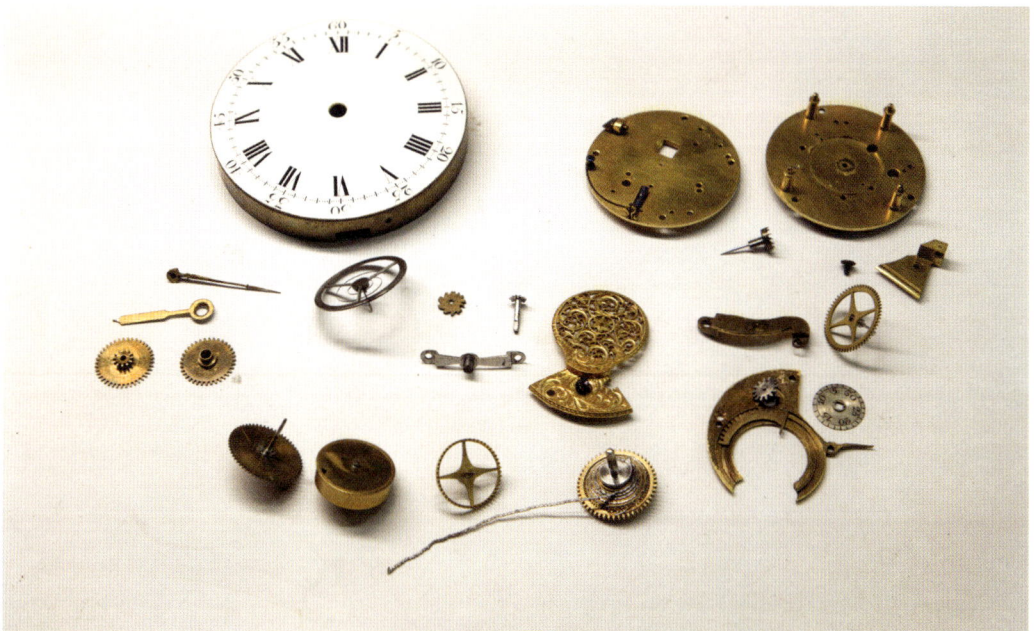

图 22-5　走时机芯拆解

图 22-6　修复后机芯正面

图 22-7　修复后机芯背面

图 22-8　修复后机芯侧面

后 记

有机会与故宫博物院古钟表修复室的同人合作，备感荣幸。在古钟表保护修复的这条道路上，避暑山庄博物馆才刚刚起步，在人才、技术以及设备等方面都存在短板。故宫同人无偿、无私的帮助，对我们来说犹如久旱逢甘霖。

看着一件件曾经锈蚀、残缺的钟表，在修复师手中又一次焕发生机与活力，看着我们自己的修复人员在故宫老师的培养下一步步地成长，我深感欣慰。故宫古钟表修复团队带来的不仅仅是优秀的人才、精湛的技艺、先进的理念，更感动我们、激励我们的是他们严谨而又热情的工作精神。笔者亲历合作修复的全过程，在那段时间，办公区里熄灭最晚的就是古钟表联合修复室的灯光，修复老师也调侃说，每天头顶星星走出山庄大门的感觉很美好。

感谢北京故宫博物院，感谢双方团队的每位成员，感谢给予我们支持的每个人！文物保护任重道远，我们会永远在路上。

杨海霞

2021 年 6 月

于承德避暑山庄博物馆

附录一

故宫博物院与避暑山庄博物馆古钟表联合修复项目影像记录纪实

故宫博物院 修复信息采编组　葛聪

一、概况

自 2019 年起，故宫博物院文保科技部古钟表修复组便与承德避暑山庄博物馆一道对所藏古钟表文物开展联合修复项目。此项目一方面是为了能在避暑山庄对其馆藏的古钟表文物进行修复与保护，使它们重新焕发生机，"延年益寿"；另一方面，作为古钟表修复技艺国家级非物质文化遗产的传承单位，故宫古钟表修复组也可借此机会，通过具体的修复实践帮助避暑山庄博物馆培养一批他们自己的修复人才。

第一阶段 4 件文物的修复工作，已于 2019 年 10 月—11 月完成。2020 年 8 月，伴随着紫禁城 600 岁生日的到来，钟表联合修复室也迎来了第二阶段的项目任务。故宫的古钟表修复师多次前往承德避暑山庄，历时近 3 个月时间终于完成了另外 7 件文物的修复工作。通过两个阶段的实践与历练，来自避暑山庄的青年修复师王震也完成了自己从最初只能协助到后来可以主导修复的蜕变。

为了使此次钟表联合修复项目能够取得更广泛、深远的影响，影像记录及图像信息采集的工作一直伴随文物修复的进程同步进行。受到工作时间安排等因素的影响，第一阶段的影像记录工作由故宫外部的商业团队制作完成，其成果纪录片已于2020年6月12日"文化与自然遗产日"的主题活动日发布于"微故宫"微信公众号。第二阶段的工作则由故宫文保科技部修复信息采编组承担。

通过前期周密的准备，对整个文物修复及人才培养历程进行全方位多角度的拍摄记录，最终收获了一份完整翔实的视频影像档案及口述历史资料，对承德避暑山庄博物馆日后的钟表文物修复及保养有重要的意义。

二、我们是谁?

2016年，纪录片《我在故宫修文物》的热播（图附－1），第一次将故宫"神秘"的文物修复单位——文保科技部展现在公众面前。通过纪录片，大众不仅第一次接触到了中国顶尖文物修复团队的工作与生活，同时也第一次感受到了文物修复影像记录的巨大魅力（图附－2）。殊不知，在文保科技部内部其实就设有一个负责文物修复多媒体信息采集、整理、制作的专业机构——修复信息采编组。所谓多媒体信息，除了文物修复的平面、三维等科学信息外，视频影像信息在其中也占有相当大的比例。相较于《我在故宫修文物》纪录片所凸显的"生活质感"不同，修复信息采编组"产出"的影像资料则侧重于对文物修复、保护的科学性指导与借鉴意义（图附－3）。

在故宫博物院，文物修复前首先会通过点交手续流转到修复信息采编组，进行修前状况的全方位勘验。这就好比是医生为病人治疗前开具的一系列检验检测项

图附－1 《我在故宫修文物》纪录片

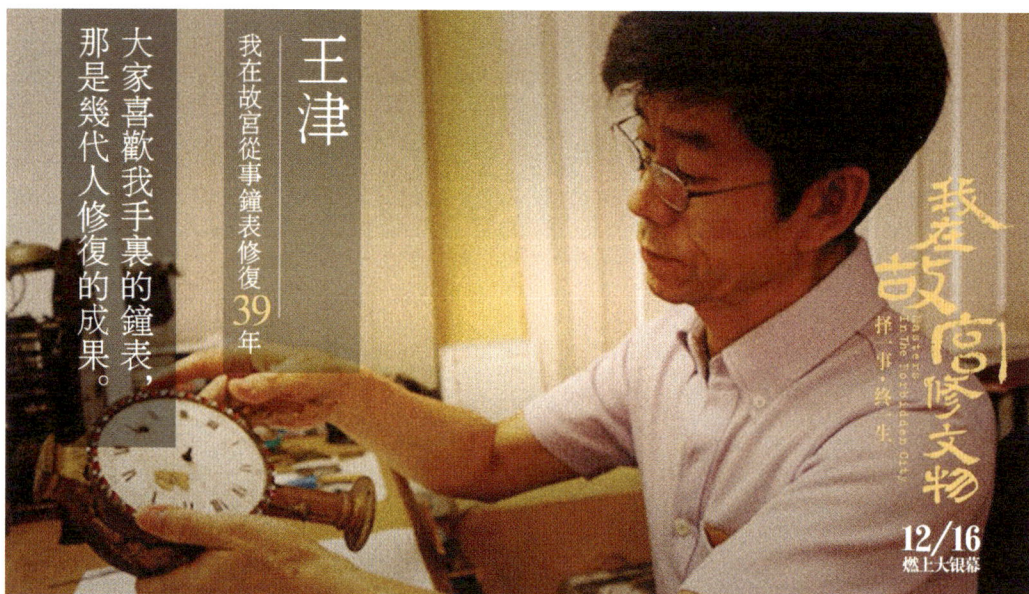

图附－2 《我在故宫修文物》纪录片中的钟表修复

图附－3 修复信息采编组工作照

目。只有彻底摸清文物的伤况，修复师才能有针对性地开展修复工作。文物修前信息的采集主要是在平面及三维立体两个维度上进行的：首先，摄影师会对文物进行多角度、多景别的拍照，对文物的全景、细部进行整体把握（图附－4）。根据文物种类及工艺区别，还会采集文物在透光情况下及紫外光照射下的平面影像（图附－5），以获得更多在肉眼下无法观察到的信息。通过三维扫描仪或利用图片建模技术还可获得不同精度下的文物立体信息。这些平面、立体的图像一方面可以直

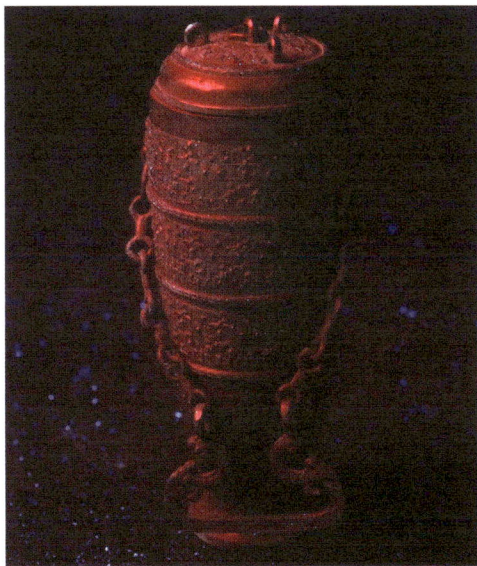

图附－4　钟表全景、细部

图附－5　文物透光照、紫外光照

观展现文物修前的状态，另一方面也可为文物修复后的比对研究做足准备。

当文物步入具体的修复过程后，相比于图像仅仅是对"一瞬间"的记录，视频影像则更加"全面而完整"。修复的材料、工艺乃至具体的操作手法都将被记录下来。面对复杂而又多变的修复过程，修复师会开展多方面的实验，针对各种"疑难杂症"做出相应的尝试与调整。对这些环节的影像记录，也为后来的研究提供了可靠的数据支撑。

三、古钟表文物为什么更依赖影像记录？

在众多文物种类中，古钟表文物最为特殊。对它的修复，不仅是外观层面的，还要恢复其走时、打点甚至是表演等复杂的机能。这种"动态的"属性恰恰符合了视频影像随时间流动的特性。另外，钟表文物报时、打点以及表演奏乐时敲击铜铃发出的响声都使其成为"独一无二"的有声文物。通过视频影像这种声画结合的多媒体方式对其进行记录是再合适不过的了。

伴随着古钟表文物的特殊性，对其修

复的过程也为影像记录工作带来了不小的挑战。

首先，作为宫廷所藏钟表，外观上大多极为精美，但这同时也导致了其材质的多样性。机芯的材质主要以铜、钢等金属为主（图附－6），外部钟楼的框架虽大多以木质结构为主，但表面附着的装饰材料却千变万化。纯金、纯银、铜鎏金等金属部件，玳瑁等有机部件，珠宝、料石等装饰件，水晶制成的水法柱，油彩颜料绘制的铜版画，玻璃罩板，等等，几乎

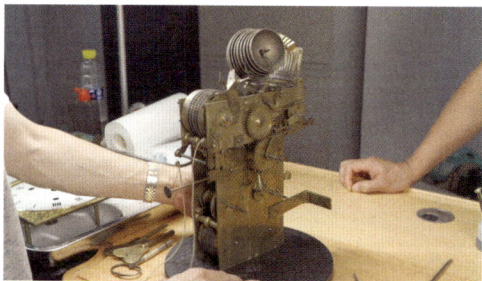

图附－6　钟表机芯

图附－7　钟表外观的特写

都出现在了本次联合修复项目第二阶段的 7 件钟表文物上。不同颜色、不同材质的部件在光线照明下所呈现出的不同效果，不仅对拍摄时的灯光照明提出了较高要求，同时，也对拍摄的角度、画面的白平衡提出更高的要求。遇到有镜面反射的材质还要通过相应的技术手段将其规避（图附 – 7）。

其次，古钟表文物繁复的功能导致其机械结构较为复杂，零件众多。遇到像铜鎏金犀牛表（BC136）这样体形较小的文物时，每个零件的体积被压缩到极小的水平，为视频画面中的焦点确认增加了不小的难度（图附 – 8）。有时，给予修复师的操作空间极为狭小，使得照明、观察、修复、拍摄的有效路径都重合在同一直线上。因此，场景中的布光、机位的选择、拍摄的角度都将随时进行调整，以达到最

佳的拍摄效果（图附 – 9）。

另外，钟表修复中重复性的操作相对较少，关键性的操作转瞬即逝，要想捕捉到这些最直观的画面，拍摄者需要保持高度的注意力，并将所有的拍摄设备时刻处于"备战"状态。

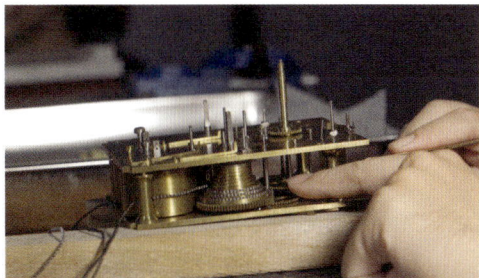

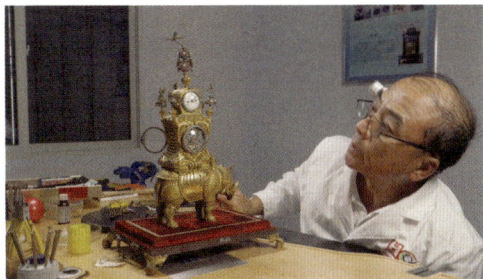

图附 – 8 铜鎏金犀牛表（BC136）的修复照

图附 – 9 狭小空间的修复照

四、成片的结构

针对本项目第二阶段 7 件钟表文物的特点，视频记录的成片计划涵盖以下三部分内容。

第一部分：通过选取每件钟表修复流程中有代表性的步骤，串联呈现出钟表文物修复从拆解、清洗、补配、修复、装配到最终调试的完整过程。这样既能展现在不同伤况条件下每个修复步骤的特殊性，又可通过它们之间的共通性贯穿全局。

同时，对修复工序中一些关键细节的着重刻画也是必不可少的（图附 – 10）。

第二部分：以避暑山庄博物馆青年修复师王震的修复实践为线索，记录他与故宫钟表修复师们的交流与学习。侧面反映出故宫古钟表修复技艺的传承与发展，并在"师徒问答"中展现更多钟表修复的技术细节（图附 – 11）。

第三部分：以对参与本次联合修复项目的修复师、领导等亲历者的访谈与独白为主，记录他们对本阶段几件文物修复的经验与总结。通过他们对本次联合修复项目整体的评价与对未来的展望，获得一份完整的口述历史影像资料（图附 – 12）。

图附 – 10　联手修复

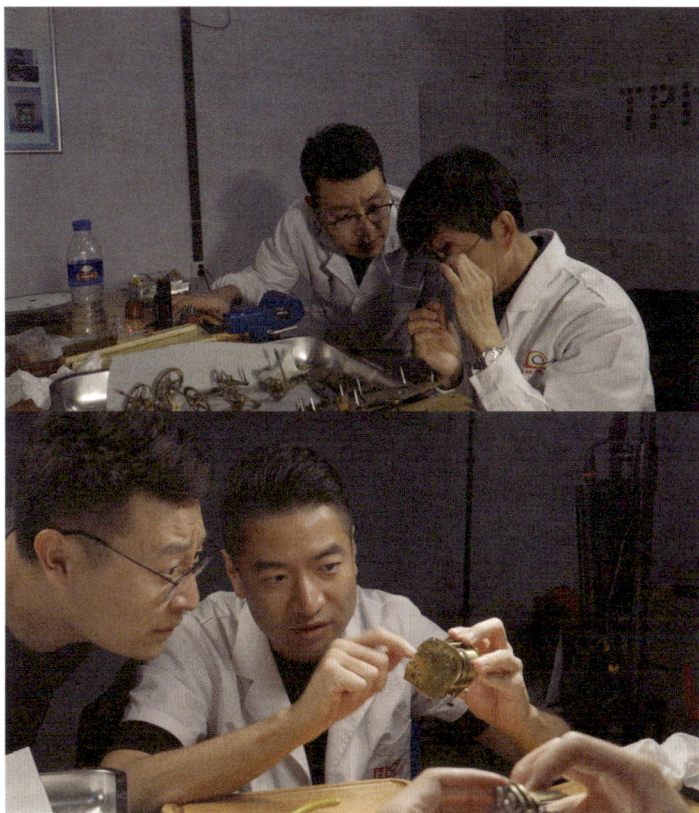

图附－11　王震与师傅交流修复细节

图附－12　采访蒋秀丹

五、主要的拍摄设备及标准

在上述成片结构的指导下，结合过往的工作经验，本阶段的拍摄设备配置如下。

1. 拍摄：索尼 A7M3 无反相机

选择 A7M3 作为这次拍摄的主力机型，原因有以下三点。

优秀的便携性：考虑到本次拍摄的机位需要随时调整，拍摄场景又涉及文物库房等相对狭小的空间，主机的便携性对于提升现场拍摄的应变能力具有很大帮助。如果使用类似索尼 FS7-MarkII 这种较大的摄影机在博物馆开放区域进行拍摄，过于醒目的外形会对被摄者造成较大的心理压力，不利于记录修复过程中的"真情实感"。另外，"小机器"配套的稳定、供电等系统也会随之更加便携。

优秀的高感素质：索尼 A7M3 的感光元件是一颗 36×24mm 的全画幅 CMOS 传感器。在如此面积的传感器上却只设置了 2400 万个像素，要知道，与它使用了同款传感器的索尼 A7R3 相机的像素数却高达 4200 万。如此低的像素密度意味着单个像素的面积极为巨大，这也就使它能够接收到更多的光，随之拥有优秀的高感素质。配合相机自带的 HLG 曲线可以使 A7M3 获得一个较大的动态范围。在宫殿室内、钟表木楼内部等低光照条件下拍摄时，A7M3 便可依靠其优秀的高感素质获得一份较为纯净、噪点低、色彩正常的素材画面。

可靠的对焦素质：693 个相位检测自动对焦点及 425 个对比检测自动对焦点使得 A7M3 相机具备了业界公认的强大对焦速度和准确度。同时，人眼识别对焦、触摸对焦、对焦区域锁定等辅助功能更提升了整套系统的可靠性，使得后期素材的可用度大大提高。修复中许多不可重复的关键瞬间之所以可以完美地呈现在人们面前也正是得益于此（图附-13）。

2. 镜头：索尼 FE4/24-105 G OSS 变焦镜头、佳能 EF 100mm f/2.8 Macro USM 微距镜头、Metabones EF-E mount T 转接环

在本次拍摄过程中使用的镜头远不止上述两颗，还有佳能 EF 70-200mm f/2.8 等众多镜头。但上述两颗镜头确实是本次记录工作中使用频率最高的。FE4/24-105 G OSS 镜头因其易用的焦段及索尼 FE 卡口，毋庸置疑成为本次的主力镜头。自动对焦模式下通过对侧边对焦锁定快捷

图附－13　索尼 A7M3 相机外形或传感器

键的灵活应用极大地提升了拍摄效率。例如，在拍摄钟表夹板中错综复杂的齿轮时，利用对焦锁定键进行前后景转换因此变得极为简单。

　　拍摄钟表文物中细小的零件时，通过 Metabones EF-E 转接环将佳能 EF 100mm f/2.8 Macro USM 微距镜头转接至 A7M3 相机上是当前最稳定的解决方案。佳能 EF 100mm f/2.8 Macro USM 微距镜头俗称"百微"，是图片、视频工

作者心中最"靠谱"的微距拍摄设备。其出色的防抖功能极大补偿了拍摄时垂直于光轴方向的抖动，在通常的拍摄距离下实现了相当于约 4 挡快门速度的补偿效果。对拍摄钟表修复过程中一些微小甚至近似微观层面上的变化提供了可能，极大提升了画面的质感（图附－14）。

　　3. 灯光：爱图仕 LS C120d II 灯、爱图仕 H198C 补光灯、瑞鹰 SO-48TD 柔光灯

图附－14　镜头组合

灯光照明设备的选择永远是文物修复视频记录中重要的一环，面对材质复杂的古钟表文物更是如此。没有一盏好的灯，镜头下就无法呈现出文物准确的颜色，更无法准确地表达修复材料施用后的性状变化，对未来修复的借鉴意义便无从谈起。作为本次拍摄记录的主光源，爱图仕 LS C120d II 将灯光色温固定在了 5500K。搭配菲涅尔变焦透镜使用后，其照度在 0.5m 的距离上最高可达 135000lx。光的质量方面，LS C120d II 的 CRI 值可达 96 以上，TLCI 更是达到 97 以上，为高质量还原文物的颜色与材质提供了有利条件。

瑞鹰 SO-48TD 柔光灯虽然在亮度上无法达到爱图仕 C120d II 灯的水平，但它在高显色准确度的前提下从 3500K 到 5600K 的可变色温调节功能为刻画古钟表文物的金属质感提供了更多可能。经过试验，4000K~4500K 偏暖的色温更能表现出钟表机芯以铜为主要材质散发出的金属质感。

爱图仕 H198C 补光灯为小型手持可变色温 LED 矩阵灯，主要为一些狭小空间或阴影区域补光提供稳定的高质量光源（图附 - 15）。

4. 拾音：RODE VideoMic Pro 麦克风、索尼 UWP-D11 无线领夹麦克风

本次视频记录中，选择了 RODE 的 VideoMic Pro 麦克风作为主要的拾音设备。RODE VideoMic Pro 属于一款超心型指向的立体声麦克风。超心型指向相较于心型指向来说，拾音区域更窄，但同时也抵消了更多来自麦克风侧面方向的"噪声"干扰。能收录到高品质立体声的同

图附 - 15　灯光组合照

时，还能减少不必要方向的拾音。这种指向类型的麦克风常被用于乐器演奏、访谈等场合的拾音工作（图附－16）。面对此次钟表修复项目，VideoMic Pro 麦克风被安装在相机顶部的冷靴接口上，通过3.5mm 音频线与相机连接。钟表文物的打点、报时、奏乐的声音便能清晰地录制下来。通过对钟表调试时的记录拍摄，机芯齿轮咬合的声音也能被完整拾取，极大增加了后期回看钟表运行画面的临场感，为日后甚至通过声音判断齿轮之间的咬合状况提供了可能。

索尼 UWP–D11 无线领夹麦克风则主要用于人物访谈、独白的人声拾取工作。（图附－17）

5. 记录标准

随着多媒体和互联网技术的飞速发展，为了使拍摄的文物修复影像不会过早地落后于时代标准，本次影像记录的分辨率为 H.264 编码下的 4K（3840×2160）视频，帧速率为 29.97fps。音频为采样率48000 Hz 的 16 位立体声音频。

六、记录过程

拍摄前，通过与古钟表修复组同事的多次沟通，确定了本次拍摄记录的内容与基本结构。但这份相对文学性的文案距离最终的拍摄脚本还有不小的差距。需要对场地变化、修复计划等信息进行融合、解构才能形成一份真正可以指导拍摄的文案。

首先，通过场地的划分，可分为修复

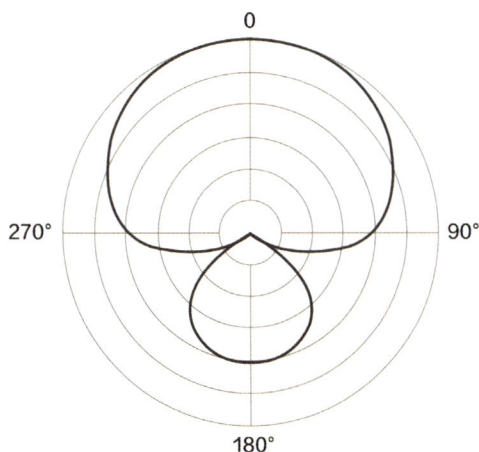

图附－16　超心型指向示意

图附－17　拾音设备组合

室内、修复室外两部分。本次联合修复项目的修复场地相对固定，需要在修复室内部拍摄的内容为 7 件钟表的修复过程及对修复师等亲历者的采访。而在修复室外的拍摄场地则有存放钟表文物的库房、钟表文物原状陈列的博物馆开放区、避暑山庄博物馆内部及其他环境等。

其次，从拍摄内容上，又可分为钟表修复、非修复两部分。修复的内容又可分为故宫钟表修复师的修复以及避暑山庄修复师王震的修复两部分。非修复的部分则包含文物相关的其他内容、避暑山庄环境的空镜、修复师、领导的采访等。基于上述对信息的解构过程后，便可根据拍摄的内容及场景，有效地规划镜头、照明等设备的使用与更换。

1. 文物的搬运

第二阶段修复的 7 件钟表，主要都放置于避暑山庄博物馆的地下文物库房中，少数几件则来自博物馆开放区域的钟表馆展柜。将它们运送到修复室的过程就成了本次拍摄记录的第一项内容。

因为钟表联合修复室本身就处于文物库房的管理区域内，两者距离较近，不需要长距离的手持拍摄，所以并没有选择加装稳定器。通过几个固定机位的分镜头拍摄即可阐述整个过程：一件钟表文物在几位管理员的护送下乘坐电梯缓缓到达地上，准备推出电梯。可能是出于运送大型文物的考虑，避暑山庄博物馆地库使用的是半封闭式的电梯。当电梯缓缓上升时呈现出一种光线慢慢洒进轿厢的光影效果，文物也随着光线的浸入慢慢被"点亮"。所以，拍摄机位选择在了电梯轿厢内部的一角，高过头顶向下俯拍，营造一种"监控"式的纪实感。在如此大光比的环境下逆光拍摄，曝光选择以地上的光线为标准进行调整，焦点则随着电梯的上升由钟表的剪影向地上接应的文物管理员转换（图附 – 18）

由开放区域运送的文物主要以加装稳定器的拍摄为主，记录展柜的开启、文物的包装、通过附有减震材料的运输车最终运送到修复室的过程（图附 – 19）。

2. 文物的修复

钟表修复的拍摄记录可分为两部分，第一是机芯的修复，第二是对外观的修复。根据前期的沟通，我们可以了解到，相比于机芯的修复，外观的修复中重复性的流程较多。所以仅对其中几个关键性的步骤进行了拍摄，为同步进行的机芯修复拍摄留出时间。

图附－18　电梯内镜头

图附－19　宫殿内检查文物的镜头

首先，修复师在对钟表进行简单的除尘后，将机芯从钟表外部的木楼中取出。取出的过程通常需要多人合作完成，因此拍摄的景别主要以全景为主，着重对钟表的姿态以及对钟表的支撑方法进行记录。钟表机芯与外部木楼除了会通过螺丝等金属零件固定外，奏乐换套、钟摆启动、打点调节等功能也会通过把手、棉绳等零件显露在木楼外。因此，还需通过众多特写镜头记录这些零件从木楼上取下的过程。有些机芯还需提前将表盘甚至风旗、转花等零件取下才能从外壳中取出。对取出方法及路径的拍摄直接影响到了后期的安装与调试（图附－20）。

机芯取出后，修复师会对机芯伤况进行查验。此时，正是拍摄钟表木楼修复的时机。历经多年温度、湿度等气候变化，钟表的木质主体难免会变形扭曲甚至开裂，这就需要修复师对其进行整形、粘接，恢复其原始的形态。例如铜鎏金乌木框洋人打钟（BC130）的背面门框就出现了严重的扭曲状况。经过对湿敷、加压找

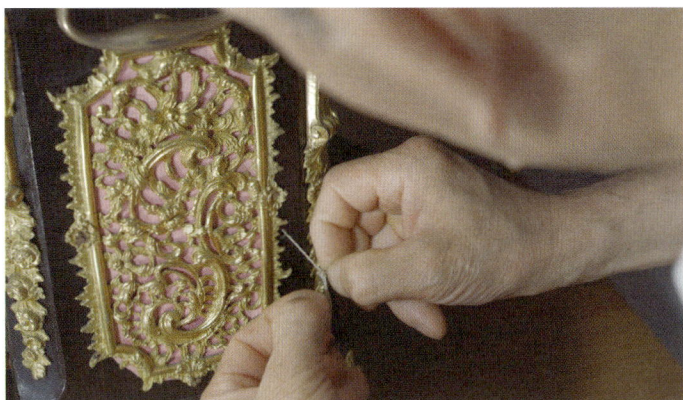

图附－20　拆卸机芯的镜头

平、阴干等重要节点的拍摄，即可得到一段木质钟楼整形的完整影像。借助此类等待的过程，便又可把拍摄的重心回归到机芯修复上来。

将机芯拆解后，不难发现：无论是机芯的夹板、揭板后暴露出的螺丝齿轮，甚至是表盘的背面都充斥着各种钟表制作者以及前人修复后留下的记号。有的是为了方便后期安装零件时对位，有的则是记录下当时的维修情况。这些细节都需要使用微距镜头记录下来，为后人的维修保养提供参考。例如铜鎏金乌木框洋人打钟（BC130）的表盘背面就书满了描述当时修复情况的墨迹（图附－21）。

经过清洗、补配、调试后的机芯最终会再次安装回木楼内，与外部的转花、水法等装饰件联动进行整体调试。这也是整个修复中最重要的流程，关乎整件钟表能否恢复机能，正常运转。本阶段的 7 件钟表文物中，当数清铜鎏金乌木框水法自鸣钟（BC127）的总装调试过程最为困难。因其为四面钟，整个调试牵一发而动全身。同时，在对其拍摄的过程中，需要时刻关注轴向问题，避免

图附－21　表盘背面

因越轴导致方位混淆,影响后期回看的准确性(图附－22)。

3. 人物的访谈与独白

在每个修复流程结束后,都会拍摄修复师配合文物对当前修复进展的讲解素材。通过这种口述历史的形式,补全影像画面外的更多细节信息。在本阶段7件钟表修复完成后,对承德避暑山庄博物馆蒋馆长及故宫钟表修复师王津师傅进行了采访,通过修复技术、非遗传承、未来合作等方面对本次联合钟表修复项目进行全面总结(图附－23)。

七、结语

本次影像记录工作的完成,为承德避暑山庄博物馆的钟表修复提供了一份珍贵的影像资料,也为宫廷钟表的修复提供了重要的研究依据。在未来,依托三维扫描、增强现实(AR)等技术的不断发展,古钟表文物修复的记录媒介将变得更加多元,涵盖的信息也将更加全面。这里通过对此项目第二阶段的拍摄进行梳理,也为今后的相关工作提供了一套可行的解决方案。

图附－22 钟表调试的镜头

图附－23 采访王津

附录二

故宫博物院修复团队介绍

王　津

故宫博物院研究馆员，国家级非物质文化古钟表修复技艺传承人，故宫博物院古钟表研究所副所长，从事古钟表修复40余年，修复古钟表数百件。发表专业文章数十篇。

亓昊楠

故宫博物院研究馆员，故宫博物院文保科技部古钟表修复组负责人，非遗古钟表修复技艺第四代传承人，从事古钟表修复16年，修复古钟表百余件，发表专业文章数十篇。

杨晓晨

故宫博物院副研究馆员，芬兰机械工程专业理学博士。师从国家级非遗传承人王津，修复各馆馆藏古代钟表文物十余件，发表论文数篇。

刘潇雨

馆员，研究生学历，师从国家级非遗传承人王津。完成清宫藏钟表装饰件补配工作四次。完成修复各馆馆藏古代钟表文物六件。

向 琬

馆员，研究生学历，师从第四代非遗传人亓昊楠。协助修复古钟表文物十余件，主要负责外壳方面的修护。独立修复数件。

刘瀛潞

馆员，研究生学历，毕业于日本东京艺术大学。师从第四代非遗传人亓昊楠。协助修复古钟表文物十余件，主要负责外壳方面的修护。独立修复数件。

葛　聪

　　研究生学历，美国纽约理工学院动画与影视特效专业毕业。2015 年入职故宫博物院文保科技部，从事文物修复的视频影像拍摄制作及三维信息处理等工作。《传统囊匣制作技艺》科普短片曾荣获 2020 年博物馆故事文艺作品征集大赛"最具博物馆影响力奖"。

蔡雨龙

　　研究生学历，2015 年进入故宫博物院文保科技部工作，从事文物修复的视频影像拍摄制作及三维信息处理等工作。《传统囊匣制作技艺》科普短片曾荣获 2020 年博物馆故事文艺作品征集大赛"最具博物馆影响力奖"。

附录三

避暑山庄博物馆修复团队介绍

相　阳

　　毕业于河北大学历史学专业，从事文博业务管理工作多年，组织承德域内第一次可移动文物普查、第三次不可移动文物普查等工作，发表《避暑山庄史学价值初探》《乾隆帝〈赋得澹泊敬诚〉诗中的儒家思想》等多篇论文，现任承德市文物局二级调研员、副局长。

蒋秀丹

　　1989 年毕业于吉林大学考古学系博物馆专业，毕业后就职于承德市文物局，现任避暑山庄博物馆馆长、研究馆员，从事民族宗教、清史、博物馆学研究，发表论文 30 余篇。

杨海霞

1995 年毕业于河北师范学院历史系，从事文博工作 26 年，现任避暑山庄博物馆副馆长、副研究馆员，中国文物学会钟表专业委员会副主任委员。

周立平

避暑山庄博物馆文保部主任、副研究馆员，从事文物保护管理工作 30 余年。

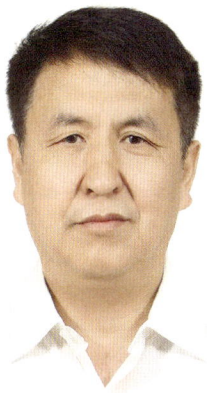

史晓君

在避暑山庄博物馆工作 34 年，2017 年参加文化部非遗司主办、故宫博物院协办"古代钟表修复技艺培训班"，师从王津。

王　震

在避暑山庄博物馆工作 14 年，2017 年参加文化部非遗司主办、故宫博物院协办"古代钟表修复技艺培训班"，师从王津。

避暑山庄博物馆其他供稿成员：沈云伟、赵淑珍、刘玮、顾雪杉、薛辉、尤晓红、林丹娜、涂程锦、李彬彬、付永洁、郑延玲、代倩雯。

裴玲玲

避暑山庄博物馆文物科职员、副研究馆员，参与修复工作，主要负责古钟表修复档案制作。

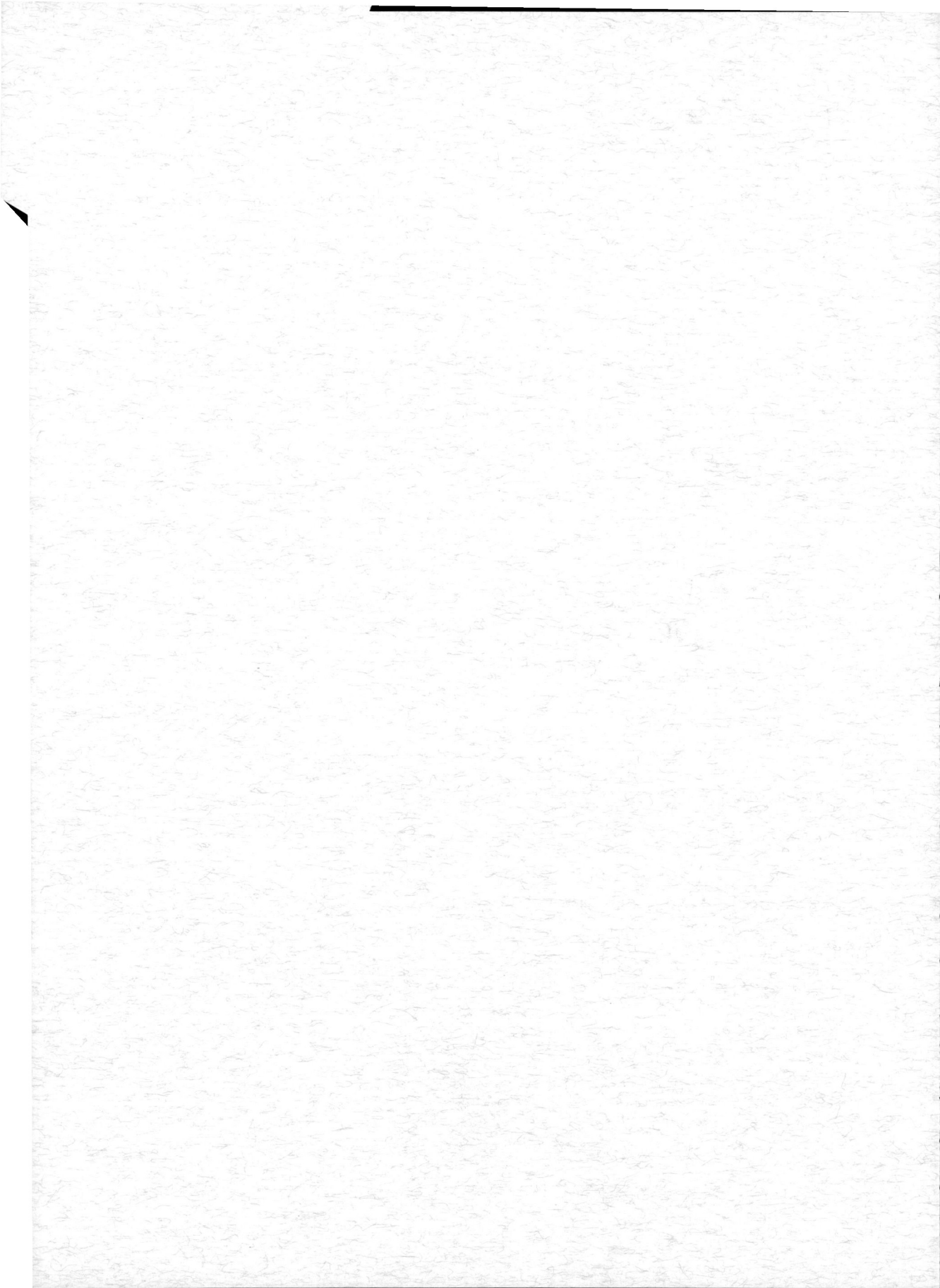